सम्पूर्ण भगवद्‌गीता दोहों में

(मूल पाठ के अनुसार)

यशपाल सिंह 'यश'

Made with ♥ on the Notion Press Platform
www.notionpress.com

आदरणीय पूज्य पिताजी, स्वर्गीय

श्री बाबू समय सिंह को समर्पित,

जिनकी धार्मिक आस्थाओं के कारण

बालकाल से भगवद्गीता के प्रति

रुचि उत्पन्न हुई

क्रम-सूची

प्रस्तावना

"श्री कृष्णम वंदे जगदगुरूम"

केवल इन तीन शब्दों का मर्म यदि समझना हो तो एक बार गीता के पथ पर आइए, उसे जानिए, उसका अध्ययन-मनन कीजिये और जीवन में उतारिये। अदभुत प्रभाव पाएंगे आप इसका और तब आपको अनुभूति होगी श्रीकृष्ण की महानता और उनकी अलौकिकता की। दिव्य गीता अमृतरूपी उन अमर शब्दों का संयोजन है जिनकी ध्वनि आज भी वायुमंडल के व्योम में व्याप्त होकर निरंतर गूंज रही है। आवश्यकता है तो उन तरंगों को खोजकर अपनाने की और उन्हें आत्मसात करने की, और उसके बाद हम पाएंगे एक अनश्वर जीवन और एक अनश्वर प्राण। सब कुछ निरर्थक सा किंतु सब कुछ अर्थपूर्ण!

बस इसी गहन रहस्य की परतों को उजागर करते ज्ञान का नाम है गीता। इसे समझने के लिए केवल ज्ञान ही नहीं, अपितु विवेक और बुद्धि भी चाहिए। मात्र शब्दों में अटककर रह जाने से कुछ भी हासिल नहीं होगा, अपितु शब्दों की अनंत तहों से होते हुए इनके कोर तक जाना होगा। तभी हम जान पाएंगे उस अदभुत मर्म को जिसकी ऊपर बात की गई है। यूँ तो कितने ही अलग-अलग रूपों में, भाषाओं में, स्वरूप में, आकार में गीता के सरल भाष्य अर्थात टीकाएँ उपलब्ध हैं किंतु वे सब अधिकांशतः इसके धार्मिक पहलू को उजागर करती हैं या फिर किसी धर्म विशेष को इंगित करती हैं।

हमारे मित्र यशपाल जी ने गीता की शिक्षाओं के प्रचार के इस अवरोध को समझते हुए सरल शब्दों में गीता का एक ऐसा भावार्थ लिखने का प्रयास किया है जिसे जन-सामान्य आसानी से समझ सके, मनन कर सके और आत्मसात कर सके। किसी भी कथ्य की सफलता इसी में निहित है कि वो आम जन के मन को छू सके और इसकी अनिवार्य शर्त है सरलता के साथ रोचकता बनाए रखना। मैं समझता हूँ कि वो इस कसौटी पर खरे उतरे हैं क्योंकि मैंने गीता के श्लोकों के उनके सभी भावार्थ बहुत ध्यान से देखे हैं और उनके प्रभाव को अनुभूत किया है।

महत्त्वपूर्ण बात यह है कि उन्होंने गीता को बिना किसी पूर्वाग्रह के जस-का-तस रखने का प्रयास किया है । गीता की खूबी है यह है कि भगवान कृष्ण, अर्जुन के समक्ष धर्म के सारे मार्ग खोल कर रख देते हैं और उसे स्वयं चुनाव करने का अवसर देते हैं । कुरूक्षेत्र में श्रीकृष्ण और अर्जुन के परस्पर संवाद, समस्याओं व उनके समाधानों को इस पुस्तक में बहुत ही आकर्षक रूप में प्रस्तुत किया गया है। जहां तक इस पुस्तक की भाषा, शैली और प्रवाह की बात है, इसमें कोई संदेह नहीं कि इन मानकों पर यह काव्य गीता खरी उतरती दिखती है और इसकी गत्यात्मकता में कहीं भी कोई अवरोध दिखाई नहीं पड़ता। इसे लेखक की सफलता माना जाएगा, सो उन्हें साधुवाद! मुझे आशा है कि गीता का यह रूप उस युवा पीढ़ी को भी आकर्षित करने में सफल होगा जो परंपरा से अलग हटकर कुछ देखना, सुनना चाहती है।

हैरत होती है जब कुछ बुद्धिजीवी विद्वान मित्र गीता को एक धार्मिक ग्रंथ का जामा पहनाकर दुनिया के सामने पेश करते हैं और अन्य धर्मावलंबियों को जाने अंजाने इससे दूर कर देते हैं। गीता स्वधर्म पर चलने की सीख है । सोचने वाली बात है कि आप कर्तव्यनिष्ठ रहें, अनुशासित रहें, स्वधर्म का पालन करें,

निरासक्त हों, कर्मठ और विवेकशील बनें, बड़ों का मान करें, सबसे प्रेम करें और सबका सम्मान करें, स्वार्थ और पाप से बचें और ऐसी ही अनंत शिक्षाओं का स्रोत गीता क्या किसी एक धर्म की हो सकती है ? भला जिन बातों को सारी दुनिया जानती और मानती है और अपनाती भी है, वो स्वधर्म कुछ सीमित लोगों के लिए कैसे हो सकता है ? ये जीवन मूल्य तो सभी के साझा हैं। यह पुस्तक इस दिशा में भी एक उल्लेखनीय भूमिका निभाएगी, ऐसा मेरा मानना है।

अंत में, मैं पुनः बहुत बधाई देता हूँ पुस्तक के लेखक को उनकी इस नवीन सोच और तदनुसार किए गए प्रयास पर। मुझे आशा ही नहीं अपितु पूर्ण विश्वास है कि उनकी इस कृति को हाथोंहाथ लिया जाएगा और यह गीता की शिक्षाओं के प्रचार-प्रसार में नए प्रतिमान स्थापित करेगी। आपकी प्रतिक्रियाएं इस पुस्तक को और अधिक उपयोगी बनाने में निश्चय ही सहायक सिद्ध होंगी, सो जो लगे सो कहिएगा अवश्य! इसी के साथ मैं अपनी बात को यहीं विराम देता हूँ और पाठकों से इसे ध्यानपूर्वक पढ़ना आरंभ करने का अनुरोध करता हूँ।

शुभ कामनाओं सहित

आपका ही,

प्रदीप कुमार अग्रवाल 'प्रदीप्त'
87, तरुण विहार अपार्टमेंट,
सेक्टर 13, रोहिणी, दिल्ली-85.
(मोबाइल: 9990005806)
pk.agarwal0709@gmail.com

भूमिका

आदरणीय दोस्तों,

श्रीमद्भगवद्गीता भारत में शायद सबसे ज्यादा चर्चित धर्मग्रन्थ है। मगर मुश्किल यह है कि आजकल धर्मग्रंथ पढ़े कम और पूजे ज्यादा जाते हैं। स्वयं गीता का अध्ययन करने के बाद मैं यह कदापि नहीं चाहूँगा कि गीता केवल पूजी जाती रहे। गीता पढ़ने और अपनाई जाने वाली पुस्तक है। गीता मूलतः संस्कृत भाषा में लिखी गई है और शायद यही इसके कम पढ़े जाने का एक बड़ा कारण है। यद्यपि गीता पर हिंदी, अंग्रेजी और न जाने कितनी भाषाओं में टीकाएँ लिखी गई हैं, लेकिन जितनी टीकाएँ मैंने देखी हैं, उनकी भाषा और शैली इतनी मुश्किल लगी कि उनमें ज्यादा देर रूचि बनाये रखना असंभव था। इसलिए पढ़ते समय हमेशा ये विचार आया कि क्यों न गीता को एक ऐसे रूप में प्रस्तुत किया जाए जो सरल भी हो और रूचिकर भी। प्रस्तुत पुस्तक उसी विचार की देन है। यह पुस्तक आम बोलचाल की भाषा में, और, अध्याय 10 के कुछ अंशों को छोड़कर, लोकप्रिय दोहा शैली में लिखी गई है। यह मेरी पूर्व में लिखी गई पुस्तक, 'हिंदी गीता काव्य' का विस्तृत रूप से संशोधित एवं परिवर्तित संस्करण है।

यदि गीता को लेकर आपके कुछ मजहबी पूर्वाग्रह हैं तो मैं यह स्पष्ट कर दूँ कि इस पूरी पुस्तक में कहीं भी किसी धर्म विशेष का जिक्र नहीं है। दरअसल गीता में धर्म का अर्थ है केवल स्वधर्म और स्वधर्म का अर्थ है नियत कर्म। हर व्यक्ति की एक विशिष्ट क्षमता है, और उस क्षमता को जीवन में प्राप्त कर लेना ही सफलता का मापदंड है। यही तो सेल्फ़ हेल्प की सब पुस्तकें

हमें बता रही हैं। मेरा मानना है कि गीता एक उच्च कोटि की सेल्फ़ हेल्प पुस्तक है।

महाभारत का युद्ध होने वाला है। एक ही परिवार की संतान, कौरव और पांडव अपनी सेनाएँ लेकर आमने सामने हैं। पांडव सेना के महारथी अर्जुन, अपने सारथी, श्री कृष्ण के सामने यह प्रश्न रखते हुए युद्ध करने से मना कर देते हैं कि राज्य की प्राप्ति के लिए अपने बंधु-बांधवों की हत्या करना कहां तक उचित है। इस प्रश्न के उत्तर में श्री कृष्ण, अवसाद से ग्रस्त अर्जुन को, धर्म के मार्ग पर चलते हुए किस तरह युद्ध करने के लिए तैयार करते हैं, यह अपने आप में एक जिज्ञासा पैदा करने वाला प्रश्न है और इसी के उत्तर में संपूर्ण गीता निहित है।

हमारे जीवन में अपेक्षाकृत बहुत छोटी परिस्थितियाँ हमारे समक्ष आती हैं और हम सोच-विचार में पड़ जाते हैं कि क्या करना ठीक है और क्या नहीं। अब यदि युद्ध की स्थिति में कृष्ण के द्वारा दिया गया यह उपदेश अर्जुन को रास्ता दिखा सकता है, तो भला हमें क्यों नहीं ? हम सब का मार्ग प्रशस्त हो, इसी आशय के साथ भगवद्गीता को सरल रूप में आप तक पहुँचाने का प्रयास किया है।

इस पुस्तक की रचना में दिए गए अमूल्य योगदान के लिए मैं अपने मित्र, कवि व साहित्यकार, श्री प्रदीप कुमार अग्रवाल 'प्रदीप्त' का धन्यवाद करता हूं। स्वयं भगवद्गीता को समझने के लिए मैंने देश के दूसरे राष्ट्रपति, परम मनीषी डॉ सर्वपल्ली राधाकृष्णन द्वारा लिखी गई व्याख्या का उपयोग किया है। उनकी पावन आत्मा को शत-शत नमन।

यशपाल सिंह 'यश'

फोन 8920190892,

ईमेल : yeshpalsinghyash@gmail.com

1. अर्जुन का विषाद

१

धृतराष्ट्र ने कहा

डटे जहाँ पर पाण्डु-सुत, और हमारे लाल।
धर्म-क्षेत्र, कुरुक्षेत्र का, संजय बोलो हाल।।

२-२९

संजय ने कहा

राजन! दुर्योधन गया, गुरु द्रोण के पास।
जाकर के कहने लगा, मन में भरे खटास।।

दुर्योधन ने कहा

पांडव सेना व्यूह का, देख रहे जो दृश्य।
धृष्टद्‌युम्न ने यह रचा, रहा आपका शिष्य।।

बड़े बड़े योद्‌धा वहाँ, जैसे अर्जुन, भीम।
लेकिन सीमित सैन्य बल, अपना बड़ा असीम।।

भीष्म कर्ण जयद्रथ यहाँ, अश्वत्थामा, द्रोण।
वो रक्षित जो भीम से, सेना हमसे गौण।।

डटे रहें सब इसलिए, अपने-अपने स्थान।
बस सेनापति भीष्म की, रक्षा पर हो ध्यान।।

संजय ने कहा

मुदित हुए यह भीष्म सुन, किया शंख का नाद।
हुई गर्जना युद्ध का, शुरू हुआ उन्माद।।

ढोल नगाड़े बज उठे, बजे शंख चहुं ओर।
गूँज उठा कुरुक्षेत्र में, रणभेरी का शोर।।

देवदत्त अर्जुन तथा, पाञ्चजन्य श्रीकृष्ण।
फूँके सबने शंख निज, सबकी आभा तीक्ष्ण।।

श्वेत अश्व रथ पर चढ़ा, अर्जुन वीर महान।
कृष्ण बने हैं सारथी, ध्वज पर श्री हनुमान।।

अर्जुन बोले कृष्ण से, प्रत्यंचा को खींच।
रथ मेरा लेकर चलें, दो सेनाओं बीच।।

देख सकूं किन पर यहाँ, करना मुझको वार।
दुर्योधन के पक्ष जो, लड़ने को तैयार।।

खड़ा किया रथ मध्य में, कहे कृष्ण सुन पार्थ।
देखो कुरुओं को सभी, जुटे हुए युद्धार्थ।।

अर्जुन के मन को हुआ, देख बड़ा आघात।
भीष्म, द्रोण को देखकर, लगा काँपने गात।।

तत्पर देखे युद्ध को, दादा, मामा, मित्र।
आत्मदया भर पार्थ ने, कहा देख यह चित्र।।

अर्जुन कहते हैं

३०

मुख मेरा है सूखता, अंग हुए निर्जीव।
जलती है मेरी त्वचा, छूट रहा गांडीव।।

३१

केशव मुझको दीखता, सब अपने विपरीत।
इसमें किसका हित भला, मारूँ जिनसे प्रीत।।

३२

विजय कामना अब नहीं, ना कुछ सुख की चाह।
ना अभिलाषा राज की, ना जीवन उत्साह।।

३३

राज पाट जिनके लिए, चाह रहे संसार।
वो सारे सुख छोड़ कर, मरने को तैयार।।

३४

गुरु, मामा चाचा खड़े, सारे रिश्तेदार।
करूँ भला मैं किस तरह, इनके ऊपर वार।।

३५

तीन लोक का राज्य भी, जिन्हें मारकर व्यर्थ।
मुझसे उनके कत्ल का, होगा नहीं अनर्थ।।

३६

पुत्रों की धृतराष्ट्र के, हत्या में क्या सार।
क्यों अपने सिर पाप लूँ , इन दुष्टों को मार।।

३७

उचित नहीं इनका करूँ, जीवन काल समाप्त।
इष्ट-बन्धु कुल को मिटा, कैसे हो सुख प्राप्त।।

३८

इन्हें भले दिखता नहीं, कुलविनाश में पाप।
अपनों पर भी क्रूरता, करते बिन संताप।।

३९

मगर हमें सुस्पष्ट है, इस विनाश का दोष।
पाप कृत्य हम क्यों करें, हमको तो है होश।।

४०

संस्कार मिटते जहाँ, होता कुल का ह्रास।
होता फिर ऐसी जगह, बस अधर्म का वास।।

४१

वश में होय अधर्म के, कुलवधु होती भ्रष्ट।
जाति वर्ण मिश्रण करे, पूरे कुल को नष्ट।।

४२

जन्में संकर वर्ण जब, होता कुल का ह्रास।
पिंडदान बिन स्वर्ग के, पितरों तक को त्रास।।

४३

जाति वर्ण मिश्रण इन्हीं, दुष्कर्मों से होत।
धर्म मिटे कुल जाति का, ये विनाश के श्रोत।।

४४

परिवारों का यूँ सुना, होता धर्म विनष्ट।
पड़ते उनको भोगने, कठिन नरक के कष्ट।।

४५

राज भोगने के लिए, अपनों का संहार।
करने को यह पाप हम, क्यों कर हैं तैयार।।

४६

दें बेटे धृतराष्ट्र के, बेशक मुझको मार।
अच्छा ऐसे पाप से, करूँ मृत्यु स्वीकार।।

४७

युद्‌ध नहीं करना मुझे, ऐसा मन में ठान।
शोकग्रस्त हो पार्थ ने, रक्खे तीर कमान।।

2. सांख्य योग

१

संजय ने कहा

आत्मदया से मन भरा, भरे नयन में नीर।
ऐसे पीड़ित पार्थ से, कहें कृष्ण सुन वीर।।

२

कृष्ण कहते हैं

विषम समय में पार्थ क्यों, उपजा कलुष विचार।
नहीं आर्य अनुकूल यह, अपयश मिले अपार।।

३

गैर-पौरुषिक बात यह, क्या तेरे अनुकूल।
छोड़ हृदय दौर्बल्य को, उठा धनुष सब भूल।।

४

अर्जुन कहते हैं

भीष्म और गुरु द्रोण हैं, पूज्यनीय श्रीमान।
इन पर केशव किस तरह, साधूँ तीर कमान।।

५

ये गुरु तुल्य विशिष्ट हैं, मिली इन्हीं से सीख।
इनकी हत्या से भला, जिऊँ माँगकर भीख।।

मेरे हर सुख को लगे, पूज्य-जनों का खून।
कैसे पाएगा भला, मेरा हृदय सुकून।।

६

इतना भी निश्चित नहीं, क्या हित क्या विपरीत।
हित में अपना जीतना, या फिर उनकी जीत।।

बचे न जिनको मारकर, जीवन की ही चाह।
बेटे वो धृतराष्ट्र के, डटे सामने आह !।।
७

चिंता, भय के भाव ने, किया मुझे कमजोर।
बोध कर्म का खो रहा, जाऊँ मैं किस ओर।।

कृष्ण मुझे निश्चित कहो, जो मुझको उपयुक्त।
शिष्य आपकी शरण में, कीजे संशय-मुक्त।।
८

सब पृथ्वी की सम्पदा, या निष्कंटक ताज।
देवलोक का राज्य भी, मिले मुझे यदि आज।।

नहीं देख पाता कहीं, कोई ऐसी बात।
दूर करे जो शोक यह, मेटे उर का घात।।
९

संजय ने कहा

अर्जुन बोला कृष्ण ये, सारे सुख हैं गौण।
नहीं करूँगा युध्द अब, हुआ बोल कर मौन।।
१०

बैठ गया अर्जुन वहीं, ले मन में आघात।
हँस कर बोले कृष्ण तब, अर्जुन से यह बात।।
११

कृष्ण कहते हैं

शोक मनाते मृत्यु का, दे ज्ञानी से तर्क।

जीवन हो या मृत्यु हो, ज्ञानी करे न फर्क।।

१२

कभी हुआ ना होयगा, अर्जुन ऐसा योग।
जब हम दोनों ना रहें, ना ये राजा लोग।।

१३

बाल, युवा से वृद्‌ध फिर, धारण नया शरीर।
रस्ता आत्मा का यही, करते मोह न धीर।।

१४

चीजों के संपर्क से, सुख-दुख, गर्मी, सर्द।
आते-जाते जगत में, खुशियाँ हों या दर्द।।

१५

है जिसको इतनी समझ, सुख-दुख जिसे समान।
वह काबिल अमरत्व के, उसको ज्ञानी जान।।

१६

सत्य कभी मिटता नहीं, मिटे, सत्य ना जान।
जो दोनों को जानता, उसे तत्व का ज्ञान।।

१७

अविनाशी उसको समझ, जो है सब में व्याप्त।
ना परिवर्तनशील वह, ना वह कभी समाप्त।।

१८

आत्मा अविनाशी सदा, मिटता सिर्फ शरीर।
फिर क्यों मरने से डरें, युद्‌ध करो तुम वीर।।

१९

जिनको मरने-मारने, का मन में विश्वास।
उनको सच्चे रूप का, नहीं ठीक आभास।।

२०

जन्म-मृत्यु से है परे, शाश्वत नित्य स्वरूप।

देह मरे, मरता नहीं, ऐसा इसका रूप।।

२१

अविनाशी का रूप यह, जिसे पूर्ण सुस्पष्ट।
वो फिर मारेगा किसे, किसे करेगा नष्ट।।

२२

फटे पुराने वस्त्र तज, नए लिए ज्यों पहन।
वैसे नए शरीर को, करती आत्मा ग्रहण।।

२३

कटे नहीं जो अस्त्र से, सके न आग जलाय।
जल गीला ना कर सके, और न पवन सुखाय।।

२४

सत्य, नित्य इसको समझ, सबके भीतर व्याप्त।
अचल, अपरिवर्तित सदा, कभी न होय समाप्त।।

२५

अविकारी, अविचार्य यह, यह अव्यक्त, अलोक।
ज्ञान अगर यह हो गया, फिर काहे का शोक।।

२६

और अगर तू मानता, जन्म-मरण सच होय।
तो फिर भी इस शोक का, रहे न कारण कोय।।

२७

जो जन्मा मर जायगा, मरा जन्म फिर लेय।
जन्म-मरण निश्चित अगर, क्यों मन को दुख देय।।

२८

लुप्त जन्म से पूर्व जो, लुप्त मौत के बाद।
प्रकट सिर्फ जो मध्य में, उसका व्यर्थ विषाद।।

२९

चर्चा सब करते मगर, सके न कोई जान।

आत्म-तत्व, अज्ञेय यह, कैसे हो पहचान।।

३०

आत्मा अक्षय जो करे, हर प्राणी में वास।
किसी जीव के भी लिए, मन क्यों करें उदास।।

३१

धर्मयुध्द तो पार्थ है, क्षत्रिय का कर्तव्य।
आज तुम्हारे सामने, अवसर आया भव्य।।

३२

यह योद्धाओं के लिए , एक सुखद संयोग।
स्वर्ग द्वार की भाँति तू, कर इसका उपयोग।।

३३

भागी होगा पाप का, छोड़ा यदि मैदान।
जो कर्तव्य विमुख उन्हें, मिले नहीं सम्मान।।

३४

अपयश फैलेगा बड़ा, आज गया यदि भाग।
बुरा मृत्यु से भी अधिक, बदनामी का दाग।।

३५

सोचेंगे योध्दा यही, डर छोड़ा संग्राम।
हीन कहेंगे लोग जो, करते आज प्रणाम।।

३६

निंदा तेरे शौर्य की, करें लोग दिन-रात।
इससे ज्यादा क्षोभ की, नहीं दूसरी बात।।

३७

मृत्यु मिले तो स्वर्ग है, विजय मिले तो राज्य।
निश्चित होकर युध्द कर, चिंता तेरी त्याज्य।।

३८

हानि लाभ, जय-पराजय, सुख-दुख एक समान।

पाप लगे ना युध्द का, जिसे रहे यह भान।।

३९

सांख्य योग अब तक कहा, कर्मयोग अब जान।
बंधन बने न कर्म फिर, सुनो लगाकर ध्यान।।

४०

अगर चलें इस मार्ग पर, कर्म व्यर्थ ना कोय।
छोटा एक प्रयास भी, भय से रक्षक होय।।

४१

मन निश्चित, संकल्प दृढ़, मिले दिशा फिर एक।
असमंजस में जो रहे, भटके दिशा अनेक।।

४२

वेद-शब्द में उलझते, अल्पबुद्धि के लोग।
कर्म-काँड के मार्ग पर, फिरें भोगते भोग।।

४३

स्वर्ग, शक्ति, सुख के लिए, करें वेद उच्चार।
जन्म-मरण के चक्र का, ढोते जाते भार।।

४४

मन जिनका बस ढूँढता, विषयों के आनंद।
बुध्दि अथिर, उसको मिले, कैसे परमानंद।।

४५

वेद त्रिगुण का मार्ग है, तज उसका आचार।
खुद को सत में थिर करे, वो द्वंदों के पार।।

४६

ज्ञानवान को वेद का, बस इतना उपयोग।
पोखर जल का बाढ़ में, जितना रहे प्रयोग।।

४७

कर्म हमारे हाथ बस, फल पर ना अधिकार।

छोड़े जो फल-कामना, वो बंधन के पार।।

४८

योग-स्थित हो कर्म कर, फलासक्ति को भूल।
सिद्धि-असिध्दि समान यह, कर्मयोग का मूल।।

४९

ज्ञानयोग है कर्म के, ऊपर में आसीन।
फल-इच्छा से कर्म जो, कर्मयोग से हीन।।

५०

ज्ञानवान के छूटते, भले-बुरे सब काम।
कर्मों का कौशल्य ही, असल योग का नाम।।

५१

बुध्दियुक्त विद्वान का, ना फल से संबंध।
जन्म-मरण से मुक्त वो, मिटे दुखों की गंध।।

५२

तरे मोह के मैल से, बनती बुद्धि समर्थ।
सुना-अनसुना फिर सभी, उसकी खातिर व्यर्थ।।

५३

वेदों से निर्लिप्त जब, अचल बुद्धि हो जाय।
समाधिस्थ हो व्यक्ति तब, सहज योग को पाय।।

५४

अर्जुन कहते हैं

व्यक्ति रहे थिर-बुद्धि जो, कैसा होय प्रकार।
कैसे उठता, बैठता, कैसा सब व्यवहार।।

५५

कृष्ण कहते हैं

है स्थितप्रज्ञ मनुष्य का, समझो लक्षण पुष्ट।
आत्मा तज हर कामना, भीतर ही संतुष्ट।।

५६

ना दुख में बेचैन ना, सुख के लिए अधीर।
राग, क्रोध, भय मुक्त जो, वह मुनि वह ही धीर।।

५७

अनासक्त शुभ-अशुभ में, रहता एक समान।
मुनि वो ही थिर बुद्धि है, फलित उसी को ज्ञान।।

५८

विषयों के प्रति इंद्रियाँ, लेती आँखें मींच।
जैसे कछुवा खोल में, लेता खुद को खींच।।

५९

बेशक कर लो इंद्रियाँ, सब विषयों से दूर।
परम दृष्टि बिन मन रहे, विषयों से भरपूर।।

६०

कोय विवेकी भी करे, जितना भले प्रयास।
इंद्रिय बल के सामने, हर दृढ़ता का ह्रास।।

६१

इंद्रियाँ वश में और हो, केवल मुझ में ध्यान।
जिसकी हो ऐसी दशा, पूर्ण उसी को ज्ञान।।

६२-६३

जब तक मन होता रहे, विषयों में संलग्न।
तब तक होती जायँगी, इच्छाएं उत्पन्न।।

इच्छाओं की पूर्ति में, अगर हुआ अवरोध।
सहज बहुत ही जन्मता, ऐसे मन में क्रोध।।

निर्णय दूषित क्रोध से, और-स्मृति हो भ्रष्ट।
होता बुध्दि विनाश फिर, व्यक्ति स्वयं ही नष्ट।।

६४

राग-द्वेष से मुक्त हो, कर मन पर अधिकार।
करे विषय का पान जो, उसका हो उद्धार।।

६५

आत्मा जिसकी शुद्ध है, होते सब दुख क्षीण।
दुर्लभ है स्थिरबुध्दि जब, होता हृदय मलीन।।

६६

बुद्धि रहित, संयम रहित, ना मन ही तल्लीन।
अमन चैन हो नष्ट फिर, सब सुख होय विलीन।।

६७

भटकें जिसकी इंद्रियाँ, मन के पीछे दौड़।
उसने अपनी नाव को, दिया हवा पर छोड़।।

६८

सकल इंद्रियाँ खींच जो, दूर विषय से जाय।
वह स्थितप्रज्ञ मनुष्य है, इसमें शंका नाय।।

६९

रहे जागता संयमी, जब सोते सब लोग।
सोता है जब लोग सब, भोग रहे हों भोग।।

७०

सब इच्छाएं इस तरह, भीतर रहें विलीन।
ज्यों जल रहे समुद्र में, हो तट के आधीन।।

७१

जो इच्छाओं से विमुख, मैं, ममत्व से दूर।
अर्जुन ऐसे मनुज को, मिले शांति भरपूर।।

७२

पार्थ दिव्य यह अवस्था, मोह नहीं बोराय।
व्यक्ति वही अंतिम समय, परमानंद पा जाय।।

3. कर्म योग

१

अर्जुन कहते हैं

अगर ज्ञान को कर्म से, ऊपर कहते आप।
क्यों मुझसे करवा रहे, घोर कर्म का पाप।।

२

वचन आपके दे रहे, अलग-अलग संकेत।
निश्चित कर बतलाइए, जो है मेरे हेत।।

३

कृष्ण कहते हैं

कर्म, ज्ञान दो मार्ग हैं, जिनका किया बखान।
कर्म मार्ग योगी चले, ज्ञानी साधे ज्ञान।।

४.

नहीं कर्म के त्याग से, होते कर्म समाप्त।
ना केवल संन्यास से, सिद्धि मनुज को प्राप्त।।

५

कर्ममुक्ति संभव नहीं, कर्म-मुक्त ना कोय।
प्रकृति के गुण-धर्म वश, कर्म निरंतर होय।।

६.

बाँध सकल कर्मेंद्रियाँ, मन से भोगे भोग।
मिथ्याचारी, मूढ़ वो, कामी कपटी लोग।।

७

ज्ञान नियंत्रित मन रहे, करें इन्द्रियाँ काम।

व्यक्ति कर्मयोगी वही, श्रेष्ठ उसी का नाम।।

८

निष्क्रियता से है भला, चलो कर्म की राह।
बिना कर्म के देह का, हो न सके निर्वाह।।

९.

सकल हमारे कर्म हों, अर्जुन यज्ञ समान।
कर्म-बंध से मुक्त हो, रहता फिर इंसान।।

कर्म आहुति समझ तू, और यज्ञ संसार।
फलासक्ति जब हो नहीं, कर्म बने निर्भार।।

१०

रहा सृष्टि-प्रारम्भ से, उन्नत यही विचार।
यज्ञ-कर्म में लीन हो, सुखी रहे संसार।।

११

खुशी यज्ञ से देव हों, हमको करें प्रसन्न।
मनुज-देव सहयोग से, हो समाज संपन्न।।

१२

यज्ञ-कर्म से जो मिले, करें उसी का पान।
बिन अर्पण सेवन किया, सम चोरी के मान।।

१३

यज्ञ-शिष्ट का पान कर, पाप मुक्त हों आप।
जो बस निज-खातिर पका, ऐसा भोजन पाप।।

१४

वर्षा से भोजन मिले, जो सब का आधार।
बनें यज्ञ के कर्म से, वर्षा के आसार।।

नियत हमारे कर्म से, खिले यज्ञ का फूल।

पार्थ कर्म ही अन्ततः, इस जीवन का मूल।।

१५

कर्म विदित है वेद से, वेद ब्रह्म से जान।
ब्रह्म उपस्थित इसलिए, जहाँ यज्ञ बलिदान।।

१६

चले चक्र संसार का, हो इसमें सहयोग।
वरना जीवन व्यर्थ ही, रहे यहाँ पर भोग।।

१७-१८

रहें आत्म-संतुष्ट जो, स्वयँ में लें आनंद।
नहीं कर्म में देखते, हानि-लाभ का द्वन्द।।

ना कुछ करने को उन्हें, ना कुछ पाने जोग।
अपनी खातिर और का, करें नहीं उपयोग।।

१९

कर्म एक कर्तव्य है, करें बिना आसक्ति।
कर्म करे जो इस तरह, उसे परम की प्राप्ति।।

२०

कर्म-सिद्धि पर था सदा, जनक आदि का ध्यान।
कर्मयोग की साधना, करे लोक कल्याण।।

२१

श्रेष्ठ पुरुष का जगत में, है कर्तव्य विशेष।
जैसा उसका आचरण, वैसा चलता देश।।

२२

ना पाने को कुछ मुझे, ना करने को काम।
कर्म निरंतर मैं करूँ, फिर भी बिना विराम।।

२३

तजूँ नहीं आलस्य जो, केवल भोगूँ भोग।

फिर मेरा ही अनुसरण, यहाँ करेंगे लोग।।

२४

होगा फिर आलस्य से, नष्ट सकल संसार।
मेरे ऊपर आयगा, उस विनाश का भार।।

२५

अज्ञानी करता करम, हो कर के आसक्त।
ज्ञानी भी करता मगर, फल से रहे विरक्त।।

२६

करते कर्म सकाम जो, वश होकर अज्ञान।
ज्ञानी उनका भी कभी, करे नहीं अपमान।।

समाचरण से कर्म पर, रखता अपना ध्यान।
प्रेरित होंगें दूसरे, जब लेंगे संज्ञान।।

२७

कर्म सभी होते यहाँ, प्रकृति-गुण आधीन।
खुद को कर्ता मानकर, मूढ़ दंभ में लीन।।

२८

ज्ञान जिन्हें यह हो गया, कर्म गुणों* का मेल।
मिट जाए आसक्ति सब, कर्म लगे ज्यों खेल।।

२९

नहीं जिन्हें इसकी समझ, रहते जो आसक्त।
ज्ञानी उनके भी लिए, करे न निंदा व्यक्त।।

३०

कर्म समर्पित कर मुझे, आशा ममता त्याग।
निर्मम होकर युद्ध कर, बिन इच्छा अनुराग।।

३१

जो चलते इस मार्ग पर, हो श्रद्धा से युक्त।

कर्म नहीं बंधन उन्हें, रहें ईर्ष्या मुक्त।।

३२

उपदेशों में दीखता, मेरे जिनको दोष।
खुद को करते नष्ट वो, नहीं उन्हें कुछ होश।।

३३

कर्म सभी प्राणी करें, निज प्रकृति अनुसार।
अर्जुन निग्रह कर्म का, ज्ञानी को बेकार।।

३४

विषयागत जब इन्द्रियाँ, बढ़े राग अरु द्‌वेष।
जो इनके वश में रहे, उसका बढ़ता क्लेश।।

३५

चल स्वधर्म पथ पर किया, बेशक कर्म अपूर्ण।
वो श्रेयस परधर्म से, जिसे किया सम्पूर्ण।।

३६

अर्जुन कहते हैं

है वह ताकत कौन सी, मुझे बतायें आप।
हो जिसके आधीन हम, करते जाते पाप।।

३७

कृष्ण कहते हैं

रजगुण से उत्पन्न वह, दोष काम अरु क्रोध।
महापाप वह शत्रु-सम, रखिये इसका बोध।।

३८

धुआँ आग को ज्यों ढके, या दर्पण को धूल।
ढके रजोगुण ज्ञान को, यही पाप का मूल।।

३९

इच्छाएँ वो आग जो, कभी न होती तृप्त।
ये ज्ञानी के ज्ञान को, कर लेती आवृत्त।।

४०

कर्मेंद्री, मन, बुद्धि हैं, इनके लिए निकाय।
कर आच्छादित ज्ञान को, पथ से दें भटकाय।।

४१

वश में करके इन्द्रियाँ, इच्छाओं को मार।
ज्ञान, बोध के शत्रु ये, कर इनका संहार।।

४२

कर्मेन्द्री से श्रेष्ठ मन, बुद्धि श्रेष्ठतर और।
जो उससे भी उच्चतर, वह सबका सिरमौर।।

४३

आत्मा सबसे श्रेष्ठतम, जो है सब के पार।
हो उसके आश्रित करो, काम-शत्रु संहार।।

(*सतगुण, रजोगुण और तमोगुण की व्याख्या के लिए अध्याय १४, श्लोक ५ से २३)

4. ज्ञान योग

१

कृष्ण कहते हैं

सूर्यदेव को मैं दिया, सर्वप्रथम यह योग।
इक्ष्वाकु मनु ने किया, फिर इसका उपयोग।।

२

राजर्षयों से रीतिगत, होता गया प्रयुक्त।
दीर्घ काल में हो गया, धीरे-धीरे लुप्त।।

३

श्रेष्ठ और प्राचीन जो, तुझे कह रहा आज।
भक्त और तू मित्र है, त्यों खोला यह राज़।।

४

अर्जुन कहते हैं

सूर्यदेव पहले हुए, आप हुए पश्चात्।
कैसे उनको आपने, सिखलाई यह बात।।

५

कृष्ण कहते हैं

जन्म हमारे बहुत से, अर्जुन समझो बात।
तू इससे अंजान है, और मुझे सब ज्ञात।।

६

मैं स्वामी इस जगत का, जन्म न मेरी मौत।
माया से स्वयँ को रचूँ , मैं खुद अपना स्रोत।।

७

पतन धर्म का और जब, हो अधर्म-उत्थान।
तब-तब लेता जन्म मैं, ले इसका संज्ञान।।
७

सज्जन की रक्षार्थ अरु, दुष्टों के संहार।
धर्म-स्थापन के लिए, लूँ युग-युग अवतार।।
८

जिनको मेरे जन्म की, दिव्य प्रकृति का भान।
पुनर्जन्म से मुक्त वो, मिलें मुझी में आन।।
९

मुक्त राग, भय, क्रोध से, तपे ज्ञान से व्यक्ति।
आश्रित जो मुझ पर हुए, पाई मेरी भक्ति।।
१०

भक्त भजे कोई मुझे, रखकर जैसा भाव।
मैं वैसे उसको भजूँ , मेरा यही स्वभाव।।

सब की गति मुझ एक में, सब मेरे ही छोर।
कोई कुछ रस्ता चुने, आता मेरी ओर।।
११

शीघ्र कामना पूर्ति की, जिनके मन में चाह।
वो देवों को पूजते, देख सरलतम राह।।
१२

चार वर्ण निर्मित किये, गुण कर्मों अनुसार।
फिर भी मुझ पर है नहीं, किसी कर्म का भार।।
१३

नहीं कर्म की चाह जब, छुएँ न मुझको कर्म।
कर्म-बंध से मुक्त वो, जो समझे यह मर्म।।
१४

अर्जुन ऐसा जान कर, किये कर्म बहु लोग।
मुक्ति अगर तू चाहता, तू भी कर उपयोग।।
१६
कर्म, अकर्म विभेद से, पंडित भी अंजान।
कर्म-बंध जिससे मिटे, कहूँ पार्थ दो ध्यान।।
१७
चाल कर्म की गहन है, आवश्यक यह ज्ञान।
कर्म, अकर्म, विकर्म क्या, इसकी हो पहचान।।
१८
कर्म अकर्म दिखे जिसे, अरु अकर्म में कर्म।
वह योगी, ज्ञानी वही, वही जानता मर्म।।
१९
बिन इच्छा, संकल्प बिन, करता कर्म सुजान।
कर्म जलें ज्ञानाग्नि में, उसको पंडित मान।।
२०
फलासक्ति से मुक्त जो, निराश्रयः नित-तृप्त।
करके भी कुछ ना करे, ज्ञानी सदा विरक्त।।
२१
आत्मा-मन वश और हों, सब इच्छाएं चूर।
करे कर्म बस देह ही, वह दोषों से दूर।।
२२
मिलता जो संयोग वश, उसमें ही आनंद।
ना ही जिसको ईर्ष्या, ना सुख-दुख का द्वन्द।।

सिद्धि-असिद्धि उसे मिले, रहता एक समान ।
कर्म न बंधन बन सकें, बंधन बस अज्ञान।।
२३

ज्ञानावस्थित चेतना, हो आसक्ति विहीन।
यज्ञ भाँति करके सभी, होते कर्म विलीन।।

२४

ब्रह्म आहुति दे रहा, ब्रह्म करे स्वीकार।
ब्रह्म समिधा-घी-अग्नि व, ब्रह्म अकेला सार।।

२५-३२

ब्रह्म समर्पित जो करे, अपने सारे काम।
उसका जीवन यज्ञ सम, चलता आठों याम।।

ब्रह्म समर्पित है श्रवण, इंद्री के सब भोग।
धन,वैभव, तप, दान सब, और समर्पित योग।।

आते जाते श्वास भी, चलते यज्ञ समान।
ब्रह्म समर्पित अन्न हो, ब्रह्म समर्पित ज्ञान।।

३३

सब कर्मों से अंत में, फलता है बस ज्ञान।
ज्ञान-यज्ञ का इसलिए, सबसे उच्च-स्थान।।

३४

मिले तत्वदर्शी कहीं, सुलझाओ सब प्रश्न।
सविनय, आदर-भाव से, करते रहो प्रयत्न।।

३५

जिसे जानकर मोह फिर, कर न सकेगा वार।
अपने में, मुझ में दिखे, तुझे सकल संसार।।

३६

हो चाहे जितना बड़ा, पापों का व्यापार।
नाव चढ़े जो ज्ञान की, वो उतरेगा पार।।

३७

हर ईंधन को भस्म ज्यों, कर देती है आग।
कर्म जलें ज्ञानाग्नि में, बचे न पीछे दाग।।

३८

जो जो पावन कर सके, श्रेष्ठ सभी में ज्ञान।
कर्मयोग से ज्ञान का, मार्ग बने आसान।।

३९

सभी इन्द्रियाँ वश रहें, श्रद्धा हो भरपूर।
परम शान्ति उस मनुज से, नहीं जरा भी दूर।।

४०

अविवेकी, श्रध्दा-रहित, हो संशय का भार।
ना इस ना उस लोक में, फिर सुख के आसार।।

४१

ज्ञान मिटाये संशय, और कर्म को योग।
आत्मवान बनकर मिटें, कर्म-बंध के भोग।।

४२

खड़ग उठाकर ज्ञान की, हर संशय को मार।
योगस्थित हो युध्द कर, तज यह सोच विचार।।

5. कर्म संन्यास योग

१

अर्जुन कहते हैं

कर्म और संन्यास का, करते हो गुणगान।
दोनों में उपयुक्त जो, उसका दीजे ज्ञान।।

२

कृष्ण कहते हैं

कर्मों से संन्यास या, कर्मयोग निःस्वार्थ।
मुक्त करें दोनों मगर, योग श्रेष्ठतर पार्थ।।

३

नित्य फले संन्यास जब, इच्छा रहे न द्वेष।
द्वंद-मुक्त होकर कटे, कर्म-बंध का क्लेश।।

४

चुनो ज्ञान या योग को, फल दोनों का भोग।
वो अज्ञानी जो कहें, अलग सांख्य अरु योग।।

५

कर्म योग पहुँचे जहाँ, वहीं जाय संन्यास।
ठीक दृष्टि जब एक का, दोनों में आभास।।

६

बिना योग संन्यास का, मार्ग नहीं आसान।
जो निष्ठा से योगरत, सहज ब्रह्म का भान।।

७

वश में जिसके इन्द्रियाँ, मन खुद के आधीन।

सब में खुद को देखता, योगी बंधन-हीन।।

८-९

ब्रह्म्युक्त को सर्वदा, रहता ये आभास।
मैं कुछ भी करता नहीं, चलता, लेता श्वास।।

सुनता, छूता, सूँघता, चखता, सोता होय।
ब्रह्म्युक्त का कर्म से, मगर न नाता कोय।।

सिर्फ भोगती इन्द्रियाँ, अपने-अपने भोग।
आँखें हों या जीभ हो, करता बस उपयोग।।

१०

ब्रह्म-समर्पित कर्म जो, करता बिन अभिप्राय।
जल में कमल समान वो, पाप न छूने पाय।।

११

इंद्री, तन, मन, बुद्धि से, हर आसक्ति मिटाय।
योगी करता कर्म त्यों, हृदय शुद्ध हो जाय।।

१२

फल की इच्छा छोड़कर, मिलता चैन अपार।
है केवल आसक्ति वश, बंधन में संसार।।

१३

मन से जिसने ले लिया, कर्मों से संन्यास।
नौ-द्वारों के नगर में, सुख से करे निवास।।

१४

ना कर्ता, ना कर्म, ना, फल से कोय लगाव।
रह स्वच्छंद चलती सभी, चीजें निजी स्वभाव।।

१५

पाप-पुण्य शुभ-अशुभ का, परम न ले संज्ञान।

बढ़े मोह तो ज्ञान को, ढक लेता अज्ञान।।

१६

ज्ञान-अस्त्र से काट दे, जो समस्त अज्ञान।
'परम' प्रकाशित हो उठे, उसको सूर्य समान।।

१७

बुद्धि और मन, भाव से, रहे परम में लीन।
पाप मुक्त, वो ज्ञान से, होय परम-आसीन।।

१८

ज्ञानी में सबके लिए, रहता भाव समान।
हाथी या चंडाल हो, रहे गाय या स्वान।।

१९

ब्रह्म सभी में एक सम, सब भेदों के पार।
जो सम में आसीन है, वो जीते संसार।।

२०

अप्रिय से पीड़ा नहीं, ना प्रिय में आनंद।
बुद्धि-स्थिर, संशय रहित, पाए परमानंद।।

२१

बाह्य सुखों को भूलकर, रहे आत्म में लीन
ब्रह्म-स्थित हो भोगता, सुख जो होय न क्षीण।।

२२

बाह्येन्द्रिय संसर्ग से, सुख-दुख का आभास।
बुद्धिमान करता नहीं, इस अनित्य में वास।।

२३

काम-क्रोध के वेग को, रोक सकें जो लोग।
वही सुखी इस लोक में, फलित उन्हें ही योग।।

२४

अन्तः सुख, अन्तः रमण, जिसको अंतर्ज्ञान।

प्राप्त ब्रह्म निर्वाण को, ऐसा योगी मान।।

२५

द्वैत-मुक्त इंसान के, सब पापों का अंत।
लगा सर्वहित में रहे, पाए ब्रह्म अनंत।।

२६

संयम जिसका चित्त पर, काम क्रोध से मुक्त।
विदित ब्रह्म उसके लिए, रहे ब्रह्म से युक्त।।

२७-२८

रोक विषय बाहर सभी, भौंह-मध्य कर ध्यान।
आती-जाती श्वास को, करके एक समान।।

बुद्धि इन्द्रियाँ और मन, करके निज आधीन।
मोक्ष प्राप्ति को लक्ष्य कर, जीता मुनि स्वाधीन।।

२९

सकल तपों का, यज्ञ का, करता मैं ही भोग।
मैं ही ईश्वर सर्व का, मुझसे ही सब योग।।

स्वार्थ रहित, मुझको सदा, सकल भूत से नेह।
ज्ञात जिसे उसको मिले, शांति नहीं संदेह।।

6. ध्यान योग

१

कृष्ण कहते हैं

क्रिया मात्र के त्याग से, फलित नहीं संन्यास।
संन्यासी, योगी वही, जिसे न फल की आस।।

२

लोग कहें संन्यास जिन, योग उसे तू जान।
इच्छाओं के त्याग बिन, किसको योगी मान?।।

३

है योगोन्मुख के लिए, साधन कर्म प्रधान।
और योग आरूढ़ को, शान्ति साधना जान।।

४

बाहर विषयों से रहे, संकल्पों से दूर।
अर्जुन ऐसे मनुज को, समझ योग में पूर।।

५

पार्थ पतन उत्थान हैं, दोनों अपने हाथ।
मित्र शत्रु खुद आप ही, आप स्वयं के नाथ।।

६

जो हम मन को जीत लें, बनती आत्मा मीत।
बैरी इसको जानिए, अगर चलें विपरीत।।

७

शांत जितात्मा सर्वदा, रहता एक समान।
सुख-दुख, गर्मी-सर्द या, होय मान-अपमान।।

८

अन्तर्मन को तृप्त जब, करे ज्ञान-विज्ञान।
पत्थर हो या स्वर्ण फिर, उसको एक समान।।

९

मित्र, शत्रु, निष्पक्ष या, द्‌वेषपूर्ण बर्ताव।
श्रेष्ठ वही जिसमें रहे, सबके प्रति समभाव।।

१०

इच्छा, परिग्रह से विमुख, हो एकांत-स्थान।
मन आत्मा कर नियंत्रित, योगी साधे ध्यान।।

११-१३

ऊँचा ना नीचा अधिक, चुन कर स्वच्छ-स्थान।
उस पर आसन डालकर, करे योग धर ध्यान।।

वश में सारी इन्द्रियाँ, और चित्त एकाग्र।
ऐसे आसन बैठकर, दृष्टि जमा नासाग्र।।

सीधे गर्दन, शीश हो, थिर हो सकल शरीर।
करे योग अभ्यास को, बैठ इस तरह धीर।।

१४

केवल मुझ में ध्यान हो, मन मेरी ही ओर।
ब्रह्मचरित, निश्चलमना, निर्भय वह सिरमौर।।

१५

लगा रहे जो योग में, मन को वश में कीन।
प्राप्त शांति निर्वाण हो, जो मुझ में यूँ लीन।।

१६

खाए या सोए अधिक, जाग करे उपवास।
योग नहीं उनके लिए, जो अतियों के दास।।

१७

सीमित निद्रा, जागरण, सीमित हो आहार।
ऐसा योगी जाय तर, सकल दुखों के पार।।

१८

आत्म-स्थित हो जो रहे, चित्त लालसा-हीन।
रहे अछूता कर्म से, वही योग में लीन।।

१९

वायु-रहित घर में रहे, दीप अकंप प्रदीप्त।
सतत ध्यान अभ्यास से, ऐसा योगी चित्त।।

२०-२३

जहाँ पहुँच मन शांत हो, छुटें निरर्थक द्‌वंद।
आत्मा पाती है जहाँ, खुद में ही आनंद।।

बुद्‌धि इन्द्रियों के जहाँ, सुख उपलब्ध अपार।
जिससे विचलित हो नहीं, थिर हो कर इक बार।।

जिससे ज्यादा लाभ की, लगे न कोई बात।
अड़िग रहे जिसमें भले, मिले दुखों का घात।।

जिसमें सुस्थित हो मिटें, दुख के सब संयोग।
दृढ़ संकल्पित चित्त से, मिलता है वह योग।।

२४-२५

संकल्पित इच्छा सकल, जो करता परित्याग।
करे इन्द्रियाँ वश सभी, छोड़े सब अनुराग।।

आत्मस्थिर मन को करे, और बुद्‌धि थिर लीन।
उसे शान्ति उपलब्ध है, वह नर चिन्ताहीन।।

२६

है स्वभाव चंचल बहुत, भागे मन चहुँ ओर।
सतत नियंत्रण का मगर, हो प्रयास पुरजोर।।

२७

सुख सर्वोत्तम पाय वो, जिसका मन है शांत।
शांत रजोगुण और हो, ब्रह्मा में विश्रांत।।

२८

आत्मयोग में लग्न वो, सब पापों से दूर।
ब्रह्म-स्थित होकर मिले, जीवन सुख भरपूर।।

२९

आत्मा का वह देखता, हर प्राणी में वास।
योगयुक्त सब में करे, बस उसका आभास।।

३०

मुझ देखता बस वही, दिखूँ जिसे सर्वत्र।
ना वो मुझसे दूर ना, मैं उससे अन्यत्र।।

३१

जिसको प्राणी मात्र में, दीखे मेरा वास।
क्रिया करे वो कुछ भले, रहता मेरे पास।।

३२

सबको खुद जैसा समझ, देखे एक समान।
वो सुख या दुख में रहे, उसको योगी जान।।

३३

अर्जुन कहते हैं

किया आपने योग में, जो वर्णित समभाव।
चंचल मन में किस तरह, हो ऐसा ठहराव।।

३४

मन चंचल होता हठी, और बहुत बलवान।

वश में रख पाना कठिन, इसको वायु समान।।

३५

कृष्ण कहते हैं

चंचल मन पर है कठिन, कसना भले लगाम।
वीतराग, अभ्यास से, संभव है यह काम।।

३६

खुद पर संयम के बिना, अर्जुन मुश्किल योग।
नित प्रयास से प्राप्य जब, साधन उचित प्रयोग।।

३७

अर्जुन कहते हैं

होकर श्रद्धावान भी, मन चंचल यदि होय।
योग सिध्द ना कर सके, उसकी क्या गति होय।।

३८

अस्थिर मन कोई अगर, दोनों पथ से भ्रष्ट।
क्या वो छिटके मेघ सा, हो जाता है नष्ट।।

३९

मेरे संशय का करो, केशव तुम प्रतिहार।
और किसी से हो नहीं, सकता ये उपचार।।

४०

कृष्ण कहते हैं

अर्जुन जो सद्कर्म का, करता सतत प्रयास।
ना इस ना उस लोक में, होता उसका ह्रास।।

४१

अच्छे कुल में जन्म वो, पा जाता है पार्थ।
पुण्यात्मा का तब मिले, योगभ्रष्ट को साथ।।

४२

ज्ञानवान कुल में उसे, ले आते हैं कर्म।

दुर्लभ है पाना बड़ा, ऐसे कुल में जन्म।।

४३

पूर्वजन्म में जो किये, एकत्रित संस्कार।
उनको लेकर अग्रसर, होता अगली बार।।

४४

होता पूर्वाभ्यास से, ब्रह्म ओर गतिमान।
उसको आवश्यक नहीं, कोई वेद-विधान।।

४५

जन्म-जन्म अभ्यास से, इच्छा सभी समाप्त।
नित्य यत्न से होय वो, परम दशा को प्राप्त।।

४६

योगी ज्ञानी से बड़ा, तपस्वियों से श्रेष्ठ।
कर्मकाँडियों से बड़ा, योगी बन नर-श्रेष्ठ।।

४७

योगी में भी श्रेष्ठ वो, जिसका मुझ में ध्यान।
श्रद्धा से ध्याये मुझे, सब से वही महान।।

7. ज्ञान विज्ञान योग

कृष्ण कहते हैं

१

हो योग-स्थित, चित्त में, करके मेरा ध्यान।
कैसे पाए तू मुझे, अर्जुन यह अब जान।।

२

सविज्ञान तुझसे कहूँ, मैं वह सारी बात।
जिसे जानकर फिर नहीं, रहता कुछ अज्ञात।।

३

मनुज हजारों सिद्धि का, करते रहे प्रयास।
मेरे सच्चे रूप का, सहज नहीं आभास।।

४-६

अहम्, अग्नि, जल, पवन, मन, बुद्धि, धरा, आकाश।
प्रकृति के आठों घटक, मेरा शक्ति-प्रकाश।।

जीव रूप इनसे अलग, मेरी शक्ति अपार।
देह-रूप संसार का, जीव-रूप आधार।।

सारे प्राणी जगत का, इन दो से निर्माण।
मुझसे ही सबका उदय, मुझमें ही अवसान।।

७

सकल जगत में वस्तु है, मुझसे श्रेष्ठ न कोय।
मैं जैसे धागा दिया, मोतिन बीच पिरोय।।

८-९

चंद्र सूर्य का तेज मैं, मैं ही जल का स्वाद।
पुरुषों का पुरुषत्व मैं, मैं ही नभ का नाद।।

धरा-गंध, पावक-चमक, वेदों का ओंकार।
तपस्वियों का तप सकल, जीवन का संचार।।

१०

बुद्धिमान की बुद्धि मैं, तेजस्वी की शक्ति।
सब भूतों के बीज की, मुझसे ही अभिव्यक्ति।।

११

मैं बल उस बलवान का, जिसे न चाह, लगाव।
काम, शास्त्र अनुकूल जो, मुझसे प्रादुर्भाव।।

१२

सत, रज, तम गुण शक्ति सब, तू मुझसे ही जान।
हैं मुझमें वो सब मगर, मुझे न उनमें मान।।

१३

तीन गुणों में भ्रमित जग, मुझे सके ना जान।
मुझ अविनाशी परम का, सबसे उच्च-स्थान।।

१४

कठिन जीतना, त्रिगुण की, माया का संसार।
लेकिन जो मेरी शरण, सहज उतरते पार।।

१५

मूढ़, आलसी, भ्रमित या, जिनका असुर-स्वभाव।
मेरे प्रति इनके हृदय, होता नहीं लगाव।।

१६

चार वजह से पूजते, हैं मुझको इंसान।
पीड़ा, धन की लालसा, जिज्ञासा अरु ज्ञान।।

१७

ब्रह्म्युक्त ज्ञानी बहे, सतत भक्ति की धार।
सर्वाधिक प्रिय वो मुझे, उसको मुझसे प्यार।।

१८

भक्त सभी प्यारे मुझे, ज्ञानी मगर विशेष।
मैं ही उसका लक्ष्य वो, मुझमें लीन हमेश।।

१९

जन्म-जन्म पा ज्ञान वो, करते मेरी प्राप्ति।
मुझको सब कुछ मानते, दुर्लभ ऐसे व्यक्ति।।

२०

नष्ट कामना-वश हुआ, जिन लोगों का ज्ञान।
वो देवों को पूजते, दे श्रद्धा, सम्मान।।

२१

जिसकी जो श्रद्धा रही, पूजा जैसा रूप।
उसकी श्रद्धा थिर करूँ,मैं उसके अनुरूप।।

२२

सबको मिलता फल यहाँ, श्रद्धा के अनुकूल।
सभी फलों का किंतु हूँ, मैं ही अंतिम मूल।।

२३

अल्पबुद्धि को प्राप्त सब, फल तो शीघ्र समाप्त।
लेकिन मेरा भक्त जो, करता मुझको प्राप्त।।

२४

बुध्दिहीन को बस दिखे, मेरा व्यक्त स्वरुप।
अविनाशी, अव्यक्त ही, मेरा असली रूप।।

२५

जन्म न व्यय मेरा मगर, मूढ़ सके ना जान।
जाती माया-योग से, ढक मेरी पहचान।।

२६

जो गुज़रे, जो आयँगे, अभी जो विद्यमान।
मैं उन सबको जानता, वो मुझसे अनजान।।

२७

सारे इच्छा, द्वेष या, द्वैत, द्वन्द का भाव।
भ्रम के कारण मनुज पर, इनका पड़े प्रभाव।।

२८

पुण्यकर्म से जो करें, सारे पाप समाप्त।
मुक्त द्वैत से लोग वो, होते मुझको प्राप्त।।

२९

जरा-मरण से मुक्ति जिस, शरणागत का ध्येय।
कर्म, ब्रह्म, अध्यात्म सब, होते उसको ज्ञेय।।

३०

भूत, दैव का यज्ञ का, मैं ही तो आधार।
जिसे ज्ञात, अंतिम समय, मेरा करे विचार।।

8. अक्षर ब्रह्म योग

१

अर्जुन कहते हैं

ब्रह्म व आत्मा कौन हैं, और कर्म क्या कृष्ण।
विद्यमान क्या सभी में, सुलझाओ ये प्रश्न।।

२

कैसे है अधियज्ञ का, इस शरीर में वास।
तेरा अंतिम समय में, हो कैसे आभास।।

३

कृष्ण कहते हैं

ब्रह्म अनश्वर तत्व है, आत्मा नित्य स्वभाव।
सृजन शक्ति से कर्म की, जग का प्रादुर्भाव।।

४

नाशवान इस देह का, प्रकृति है आधार।
मैं स्वामी इस देह का, मैं अक्षर, अविकार।।

५

अंत समय में जो करे, केवल मेरा ध्यान।
मुझ स्वभाव को प्राप्त वह, संशय ना कुछ मान।।

६

अंत समय में भाव जो, जिसके मन में आय।
उसी दशा को प्राप्त वो, मेरी निश्चित राय।।

७

शस्त्र उठाओ साथ ही, मुझको राखो याद।

बुद्धि व मन एकाग्र जब, मिलूँ न कुछ अपवाद।।

८

जिसका है अभ्यास से, सतत परम में ध्यान।
नहीं चित्त भटके कहीं, पाए दिव्य-स्थान।।

९-१०

एक सूक्ष्मतम, दूर है, जिससे सब अज्ञान।
दिव्य रूप, जिसकी चमक, अनुपम सूर्य समान।।

उस द्दष्टा का व्यक्ति जो, करे निरंतर ध्यान।
भौंह मध्य धर प्राण को, जग से ले प्रस्थान।।

भक्ति, योग की शक्ति से, मिले परम जो धाम।
परम पुरुष ही प्राप्ति ही, उसका बस परिणाम।।

११-१३

वेद जिसे अक्षर कहें, अब वो करूँ बखान।
ब्रह्मचर्य, तप, त्याग से, मुनि दे जिस पर ध्यान।।

मन सुस्थिर, नौ द्वार पर, पूरा संयम तान।
एकचित्त हो योग से, सिर में सारा प्राण।।

ओंकार उच्चारते, करके मुझमें ध्यान।
ऐसे तजे शरीर जो, मिलता परम-स्थान।।

१४

हटा सभी से ध्यान जो, भजे मुझे दिन-रात।
वो योगी पाए मुझे, उसे सरल यह बात।।

१५

आत्मा रहें महान जो, होकर मुझमें लीन।

पुनर्जन्म के चक्र के, रहें नहीं आधीन।।

१६

ब्रह्मलोक को पहुँच भी, पुनर्जन्म का फेर।
लेकिन नर लौटे नहीं, मुझे पाय एक बेर।।

१७

पृथ्वी पर जितने बड़े, इक हजार दिन-रात।
वो ब्रह्मा के गणित में, एक दिवस की बात।।

१८

जब ब्रह्मा का दिन उगे, होय व्यक्त संसार।
रात होय अव्यक्त फिर, हो ये बारम्बार।।

१९

होना मिटना यूँ समझ, जैसे हों दिन रात।
परवश सब होते प्रकट, परवश सभी समात।।

२०

इक अव्यक्त सदैव पर, सब के पीछे जान।
मिटे न वो बेशक मिटे, बाकी सकल जहान।।

२१

वही परम गंतव्य है, वह अंतिम आयाम।
जिसे पाय लौटे नहीं, वो है मेरा धाम।।

२२

सब भूतों का वास वो, जिससे ये जग व्याप्त।
सतत भक्ति से परम वो, हो जाता है प्राप्त।।

२३

समय बताऊँ जब अगर, योगी करे प्रयाण।
फिर वापस लौटे नहीं, तज कर अपने प्राण।।

२४

शुक्ल पक्ष, उत्तरायण, अग्नि व दिवस, प्रकाश।

इनमें मरने से नहीं, जग में पुनः प्रवास।।

२५

दक्षिणायन हो धुआँ हो, कृष्णपक्ष, हो रैन।
स्वर्ग भोग आ लौटते, करते सब कुछ सहन।।

२६

कृष्ण शुक्ल ये पक्ष दो, दोनों शाश्वत पास।
शुक्ल गए लौटे नहीं, कृष्ण पुनः हो वास।।

२७

योगी दोनों जानकर, रहता भ्रम से दूर।
कहता तुझसे इसलिए, योगी बन हे शूर।।

२८

वेद, ज्ञान, तप, यज्ञ से, होता जो फल प्राप्त।
वह उस योगी को सुलभ, जिसे भेद जिसे यह ज्ञात।।

9. राज योग

१

कृष्ण कहते हैं

सविज्ञान अब मैं कहूँ, वो रहस्यमय ज्ञान।
जिसे जान हर अशुभ से, मुक्त होय इंसान।।

२

शुद्‌ध, अनश्वर, उच्चतम, ज्ञान धर्म-अनुकूल।
सुगम और प्रत्यक्ष यह, अनुभव इसका मूल।।

३

इसमें जिन श्रद्‌धा नहीं, वो नर मुझसे दूर।
मृत्युलोक में अनवरत, आने को मजबूर।।

४

अर्जुन मुझ अव्यक्त से, व्याप्त सकल संसार।
नहीं किसी में मैं मगर, मैं सबका आगार।।

५

मैं सर्जक हर भूत का, मैं ही पालन हार।
दिव्य शक्ति से किन्तु मैं, सब भूतों के पार।।

६

ठहरी ज्यों आकाश में, वायु सबल, गतिमान।
सब भूतों को इस तरह, मेरे भीतर जान।।

७

समा जाय मुझमें सभी, जब हो कल्प समाप्त।
प्रकट पुनः नव-कल्प की, होती जब शुरुआत।।

८

सर्वभूत उत्पन्न यूँ, मुझ से बारम्बार।
हो प्रकृति के वश सभी, बेबस अरु लाचार।।

९

कर्म गहन मेरा मगर, कर्मबंध ना होय।
उदासीन फल से अगर, बाँध सके ना कोय।।

१०

मुझ अधीन प्रकृति रचे, जग को बारम्बार।
बिना प्रयोजन चक्र सा, घूम रहा संसार।।

११

मेरे मानव रूप का, मूढ़ करें अपमान।
मैं स्वामी सब भूत का, वो इससे अनजान।।

१२

मोहित वो निज शक्ति से, नास्तिक असुर स्वभाव।
झूठे आशा, ज्ञान से, हो उनका भटकाव।।

१३

जो आते मेरी शरण, उन्हें महात्मा जान।
मुझसे उद्‌गम सृष्टि का, उनको यह पहचान।।

१४

करते दृढ संकल्प से, मेरा महिमा गान।
भक्ति भाव से कर नमन, करते पूजा ध्यान।।

१५

ज्ञान-यज्ञ से लोग कुछ, आते मेरे पास।
सब में मेरे रूप का, रहे उन्हें आभास।।

१६

कर्मकाँड मैं, यज्ञ मैं, मैं तर्पण, मैं दान।
मंत्र, औषधि, घी, अगन, मुझे आहुति जान।।

१७

मात-पिता मैं, पितामह, समझो मेरा भेद।
ज्ञान-लक्ष्य मैं, ॐ मैं, मैं ही चारों वेद।।

१८

परम लक्ष्य, भर्ता, प्रभुः, साक्षी आश्रय-धाम।
आदि, अंत चिर-बीज मैं, मैं अंतिम विश्राम।।

१९

गर्मी, सर्दी मैं करूं, मुझसे सूखा, मेह।
मृत्यु और अमरत्व मैं, आत्मा मैं ही देह।।

२०-२१

यज्ञ कर्म, पूजा करें, जिन्हें वेद का ज्ञान।
करें स्वर्ग को प्राप्त वो, करें सोमरस पान।।

लेकिन उनके जब वहाँ, होते पुण्य समाप्त।
मृत्युलोक को लौटते, करके सब सुख प्राप्त।।

२२

चिंतन जो केवल करें, मेरा आठों याम।
योग-क्षेम उनके सभी, लेता हूँ मैं थाम।।

२३

जो देवों को पूजते, शृद्धा से कौन्तेय।
है मेरी ही अर्चना, चाहे विधि हो हेय।।

२४

सब यज्ञों का मैं पिता, करता सब उपभोग।
नहीं जानते जो मुझे, पुनः जन्मते लोग।।

२५

पितृ, देव जो पूजते, जन्में उनके पास।
जो मेरी पूजा करें, उनका मुझमें वास।।

२६

भक्त चढ़ाता है मुझे, जल, फल, पत्ती, फूल।
शुद्ध हृदय से प्रेम से, सब कुछ मुझे कबूल।।

२७

कर्म और भोजन सभी, सभी यज्ञ, तप, ज्ञान।
ये सारे उपहार तू, मुझे समर्पित जान।।

२८

करो कर्म इस भाव से, बंधन होय समाप्त।
मन से त्यागे कर्म जो, होता मुझको प्राप्त।।

२९

राग-द्वेष से मुक्त मैं, सबको मिलूँ समान।
भक्ति भाव से जो भजे, निर्धन या धनवान।।

३०-३१

कोई दुर्जन व्यक्ति भी, मुड़ जाए मुझ ओर।
इससे ही मिल जायगा, उसे धर्म का छोर।।

धर्मात्मा बन शीघ्र वह, प्राप्त शांति को होय।
अर्जुन मेरा भक्त जो, उसे कष्ट ना कोय।।

३२

वैश्य-शूद्र, नारी-पुरुष, मेरे लिए समान।
जो आए मेरी शरण, पाए परम-स्थान।।

३३

ब्राह्मण, ऋषियों के लिए, फिर क्या बोला जाय।
क्षण भंगुर सुख जगत में, मेरी भक्ति सहाय।।

३४

मेरी पूजा भक्ति कर, मन में मेरा ध्यान।
अर्जुन पाएगा मुझे, लक्ष्य मुझी को मान।।

10. विभूति योग

१

कृष्ण कहते हैं

परम सत्य तुझसे कहूँ, तू प्रिय मुझे विशेष।
सुन तेरे कल्याण हित, देता जो उपदेश।।

२

मेरे उद्गम की करें, ऋषि व देव भी भूल।
कैसे पहचानें मुझे, जब मैं उनका मूल।।

३

कहें अनादि अजर मुझे, जो सबका भगवान।
पाप मुक्त, शंका रहित, निर्भय वो इंसान।।

४-५

बुद्धि ज्ञान साहस क्षमा, मान और अपमान।
मुझसे ही पैदा सभी, धैर्य, तपस्या, दान।।

६

चार संत, ऋषि सात वा, चौदह मनु तू जान।
इनसे जग उत्पन्न सब, ये मेरा निर्माण।।

७

मेरी महिमा का जिसे, हुआ तत्व से ज्ञान।
अचल भक्ति से वो सदा, करता मेरा ध्यान।।

८

मुझसे सब कुछ जन्मता, सब मुझ में गतिमान।
भजे मुझे विश्वास से, जिसे रहे यह ज्ञान।।

९

मेरी ही चर्चा करे, मेरा नित्य विचार।
पाए सुख संतोष वह, हो आनंद अपार।।

१०

मुझको श्रद्धा प्रेम से, भजते हैं जो लोग।
दिव्य ज्ञान उपलब्ध हो, हो मुझ से संयोग।।

११

मेरी करुणा से मिटे, उनका सब अज्ञान।
उर का सारा तम मिटे, हो प्रकाश का भान।।

१२

अर्जुन कहते हैं

परमधाम तू ब्रह्म तू, सबको करे पवित्र।
प्रथम देव सर्वत्र तू, शाश्वत परम चरित्र।।

१३

जो कह सारे ऋषि गए, नारद, देवल, व्यास।
आज आपने फिर मुझे, दिया वही विश्वास।।

१४

सत्य मानता मैं सभी, आप कहे जो आज।
व्यक्त रूप का आपके, किसे पता है राज़ ? ।।

१५

पुरुषोत्तम जग-मूल तू, नहीं किसी को भान।
केवल तुझको आप ही, है अपनी पहचान।।

१६

मुझको अब बतलाइए, अपने सारे रूप।
व्याप्त सभी में किस तरह, तेरा परम स्वरूप।।

१७

ध्यान सतत कैसे करूँ, सकूँ तुझे मैं जान।

किस विधि से, किस रूप में, करूँ तुम्हारा ध्यान।।

१८

शक्ति, विभूति करो सभी, अपनी मुझे बखान।
अमृत से तेरे वचन, उठा रहे तूफान।।

१९

कृष्ण कहते हैं

मेरे रूप अनंत हैं, कैसे करूँ बखान।
मुख्य-मुख्य तुमसे कहूँ, सुनो लगाकर ध्यान।।

२०

मैं आत्मा हर भूत के, उर में मेरा स्थान।
आदि और हूँ मध्य मैं, मैं ही हूँ अवसान।।

२१

सभी प्रकाशों में सूरज मैं,
विष्णु आदित्यों में
मरूतों में मारीचि
चन्द्रमा, हूँ मैं नक्षत्रों में

२२

मैं वेदों में सामवेद,
देवों में इंद्र महान
और इंद्रियों में मन हूँ,
प्राणी में चेतन जान

२३

रुद्रों में मैं शंकर हूँ,
यक्षों में समझ कुबेर
वस्तु जगत में अग्नि और,
पर्वत-शिखरों में मेरु

२४

पुरोहितों में मुख्य पुरोहित,
बृहस्पति मुझको जान
सेनापतियों में स्कंध,
जलाशयों में जलध महान

२५

ऋषियों में ऋषि भृगु,
और वचनों में अक्षर ॐ
अचल जगत में हिमगिरी हूँ,
यज्ञों में मैं जप मौन

२६

गंधर्वों में चित्ररथ,
सिद्धों में कपिल महान
ऋषियों में नारद ऋषि,
और पेड़ों में पीपल जान

२७

मैं अश्वों में उच्चैःश्रवा,
जो अमृत की संतान
बीच हाथियों के एरावत,
मनुजों में राजा जान

२८

मैं गायों में कामधेनु,
और हथियारों में वज्र
प्रजनन हेतु कामदेव,
सांपों में वासुकि सर्प

२९

मैं नागों में शेषनाग,
जलचर में वरुण कहाऊँ

पितरों में अर्यमा, नियम का,
मैं ही यम कहलाऊँ

३०

दैत्यों में प्रहलाद,
गणना करने वालों में काल
पशुओं में मैं सिंह,
और पक्षी में गरुड़ विशाल

३१

शुध्दिकारकों में वायु,
और शस्त्रधारी में राम
मच्छों में मैं मगरमच्छ,
नदियों में गंगा जान

३२

मैं ही सारी सृष्टि का,
आदि-मध्य और अंत
बहस होय तो तर्क मैं,
विद्या में अध्यात्म

३३

अक्षर में 'अ', अरु समास में,
मैं हूं द्वंद समास
काल अनश्वर, और विधाता,
चौमुख मेरा वास

३४

सब को निगल जाऊं वह मृत्यु,
अरु सब का उद्गम मैं
स्मृति, क्षमा, बुध्दि, दृढ़ता,
नारी के सारे गुण मैं

३५

छंदों में गायत्री हूँ
गीतों में सामगीत मैं
ऋतुओं में समझो बसंत ,
माहों में मार्गशीर्ष मैं

३६

अच्छे लोगों की अच्छाई,
मैं प्रयत्न, मैं जीत
तेजस्वी का तेज मैं ही
छलने वालों में द्यूत

३७

वृष्णियों में वासुदेव,
पांडव में अर्जुन जान
कवियों में उशना कवि मैं,
मुनियों में व्यास महान

३८

दमनकारी का दंड मुझे
योद्धा का कौशल जान
मैं रहस्य का मौन और,
मैं ही ज्ञानी का ज्ञान

३९

वस्तु मात्र का जगत में, अर्जुन मैं ही बीज।
बिन मेरे अस्तित्व में, नहीं चराचर चीज।।

४०

हैं अनंत अभिव्यक्तियाँ, वर्णन किया न जाय।
अंश मात्र वह जो अभी, तुमको दिया गिनाय।।

४१

तेज, शक्ति, सौंदर्य का, जहाँ-जहाँ आभास।
उन सब ही के मूल में, मेरा सिर्फ उजास।।

४२

आवश्यक अर्जुन नहीं, इतना विस्तृत ज्ञान।
बस मेरे इक अंश से, सँभल रहा जग जान।।

11. दिव्य रूप दर्शन

१

अर्जुन कहते हैं

तेरी करुणा से हुआ, आत्मज्ञान जो प्राप्त।
उससे मेरा हो गया, सारा मोह समाप्त।।

२

प्रकट लुप्त सब किस तरह, दिया आपने ज्ञान।
अपने शास्वत रूप का, भी करवाया भान।।

३

है ऐसा ही सत्य जो, तुमने किया बखान।
इच्छा देखूँ आपका, दिव्य रूप भगवान।।

४

दिव्य रूप वह देखना, संभव है यदि बात ।
प्रकट अनश्वर होइए, देख सकूँ साक्षात।।

५-१४

कृष्ण कहते हैं

रूप हजारों-सैकड़ों, रंग और आकार।
दिव्य नेत्र देता तुझे, उनसे सकल निहार।।

देख चराचर जगत को, मुझ में तू एकत्र।
अचरज सारे देख जो, नहीं कहीं अन्यत्र।।

संजय ने कहा

दिव्य रूप श्री कृष्ण ने, अपना दिया दिखाय।

दिव्याभूषण से सजा, दैविक अस्त्र उठाय।।

दिव्य वस्त्र धारण किए, मुख जिसके चहुँ ओर।
चमक हजारों सूर्य सी , फैल रही पुरजोर।।

अचरज से अभिभूत था, देख रूप यह पार्थ।
फिर उसने श्री कृष्ण से, कहा जोड़कर हाथ।।

१५-३१

अर्जुन कहते हैं

भुजा पेट मुख अनगिनत, तेरे रूप अनंत।
नहीं दिखाई पड़ रहा, आदि, मध्य या अंत।।

इक तू ही बस ज्ञेय है, अविनाशी भगवान।
और सनातन पुरुष तू, तू अंतिम विश्राम।।

धरती से आकाश तक, तेरा ही परिवेश।
सभी देव करबद्ध हो, तुझमें करें प्रवेश।।

यक्ष, असुर, गंधर्व सब, तुझको रहे विलोक।
देख भयानक रूप को, कँपते तीनों लोक।।

कर्ण भीष्म अरु द्रोण सब, महाबली अति शूर।
तेरे दाँतों में फँसे, होते चकनाचूर।।

नदिया, सागर भी सभी, रहे तुझी में दौड़।
मानों मरने के लिए, मची हुई है होड़।।

निगल रहे सब लोक को, मुख तेरे विकराल।
क्या है तू, तू कौन है, अद्भुत और विशाल ?।।

३२

कृष्ण कहते हैं

काल समझ इस लोक का, मैं ही करूँ विनाश।
तेरे बिन भी तय सभी, योद्धाओं की लाश।।

३३

मैं पहले ही कर चुका, इन सब का संहार।
तू निमित्त बन भोग बस, ये सारा संसार।।

३४

द्रोण, भीष्म को, कर्ण को, निर्भय होकर मार।
ये पहले ही मर चुके, मत कर सोच विचार।।

३५

संजय ने कहा

सुनकर केशव के वचन, हुआ पार्थ कर-बद्ध।
भय के वश कंपित हुआ, वाणी हुई निशब्द।।

३६

अर्जुन कहते हैं

उचित यही ये जग भजे, कृष्ण तुम्हारा नाम।
भाग रहे डर राक्षस, करते सिद्ध प्रणाम।।

३७

ब्रह्मा से भी श्रेष्ठ जो, क्यों न नवाएँ शीश।
तू आश्रय ब्रह्मांड का, तू अविनाशी ईश।।

३८

इस पूरे ब्रह्मांड के, तुम्हीं एक विश्राम।
तुम ज्ञाता हो, ज्ञेय तुम, परम सभी के धाम।।

आदि पुरुष, अधिदेव तुम, तेरे रूप अनेक।
व्याप्त सकल ब्रह्मांड में, केवल तू ही एक।।

३९

अग्नि, वायु , शशि, वरुण, यम, तुम सबका आधार।
तू परदादा प्रजापति, वंदन बारम्बार।।

४०

तू सब कुछ, सब में रमा, तेरी शक्ति अपार।
तुझको चारों ओर से, नमन करूँ सौ बार।।

४१-४२

तेरी महिमा का मुझे रहा नहीं आभास।
लेटे, बैठे खेल में, किया हास-परिहास।।

मित्र, कृष्ण, यादव कहा, दिया न कुछ सम्मान।
गलती मेरी माफ़ सब, करो आप भगवान।।

४३

पिता चराचर जगत के, गुरुवर पूज्य महान।
तीनों लोकों में नहीं, कोई आप समान।।

४४

पिता पुत्र का जिस तरह, सह लेता व्यवहार।
क्षमा हमारे दोष कर, करो मुझे स्वीकार।।

४५

हूँ आनंदित देख कर, दिव्य आपका रूप।
लेकिन भयवश काँपता, प्रकटो पूर्व स्वरूप।।

४६

सहस्त्रबाहु फिर से धरो, वही चतुर्भुज रूप।
गदा, चक्र हो हाथ में, सुंदर, सुखद, अनूप।।

४७

कृष्ण कहते हैं

दिव्य शक्ति से जो दिखा, मेरा दिव्य स्वरूप।
कभी किसी को पूर्व में, दिखा नहीं यह रूप।।

४८

हे अर्जुन यह रूप जो, तुझे हुआ उपलब्ध।
वेद, यज्ञ या दान से, नहीं किसी को लब्ध।।

४९

मोहित मत हो देखकर, ना ही हो भयभीत।
देख वही अब रूप तू, जिससे परिचित मीत।।

५०

संजय ने कहा

वासुदेव ने फिर धरा, वही पुराना रूप।
मिली पार्थ को सांत्वना, देखा सौम्य स्वरूप।।

51

अर्जुन कहते हैं

सौम्य रूप फिर देख अब, शांत हुए ये नैन।
और चेतना को मिला, वापस इसका चैन।।

५२

कृष्ण कहते हैं

तुमने देखा पार्थ जो, दुर्लभ है वह रूप।
लालायित सब देवता, देखें वही स्वरूप।।

५३

पार्थ रूप वह देखना, नहीं मगर आसान।
ना वेदों के ज्ञान से, नहीं यज्ञ-तप दान।।

५४

लेकिन मेरा भक्त है, मेरे लिए विशेष।
वो यह दर्शन पा सके, कर भी सके प्रवेश।।

५५

कर्म समर्पित कर मुझे, रहे न जो आसक्त।
और सदा निर्वैर वो, पाए मुझको भक्त।।

12. भक्ति योग

१

अर्जुन कहते हैं

या तेरी पूजा करे, या पूजे अव्यक्त।
इन दोनों के बीच में, कौन बड़ा है भक्त।।

२

कृष्ण कहते हैं

श्रद्धा से पूजा करे, मुझमें रखकर ध्यान।
सबसे अर्जुन योग में, पूर्ण उसी को मान।।

३

अचल अनश्वर एक का, जो करते हैं ध्यान।
वश में जिनके इंद्रियाँ, जिनका चित्त समान।।

४

सब जीवों के लाभ में, मिले जिन्हें आनंद।
पाएँ मुझको सहज वो, जब मिट जाता द्वन्द।।

५

पर ध्याये अव्यक्त को, जो कोई इंसान।
अर्जुन ऐसे मनुज की, राह नहीं आसान।।

६

कर्म समर्पित कर मुझे, मुझमें करके ध्यान।
मेरी ही पूजा करें, जो ऐसे इंसान।।

७

मेरे पर केंद्रित रहें, जिनके सदा विचार।

उनका इस संसार में, करता मैं उद्धार।।

८

लगा मुझी में मन रहे, बुद्धि मुझी की ओर।
फिर इसमें संशय नहीं, पाए मेरी ठौर।।

९

मन पर काबू का अगर, सफल न होय प्रयास।
करते रहना चाहिए, फिर इसका अभ्यास।।

१०

कोई कारण वश अगर, असफल हो अभ्यास।
कर्म समर्पित कर मुझे, सिद्धि आयगी पास।।

११

इतना करना भी अगर, लगे नहीं आसान।
तो केवल आसक्ति तज, कर्म करे इंसान।।

१२

ज्ञान उच्च अभ्यास से, और ज्ञान से ध्यान।
उच्च ध्यान से त्याग फल, मिले शांति का दान।।

१३-१४

द्वेष-रहित सबके लिए, करुणा से भरपूर।
सुख-दुख में सम, धैर्य हो, अहंकार से दूर।।

क्षमावान, संतुष्ट जो, भक्ति-लीन हर वक्त।
मुझे समर्पित बुद्धि मन, प्रिय मुझको वो भक्त।।

१५

डरे न जो संसार से, ना जिससे संसार।
मुक्त, खौफ, उद्वेग से, वो सुख-दुख के पार।।

१६

कर्मकुशल, मन शुद्ध हो, फल में ना आसक्त।

त्यागे जो हर चाह को, श्रेष्ठ मुझे वह भक्त।।

१७

दुखी होय ना होय खुश, ना इच्छा, ना द्वेष।
हो शुभ-अशुभ समान वो, प्यारा भक्त विशेष।।

१८

शत्रु-मित्र में भेद ना, भेद मान-अपमान।
दुख-सुख, सर्दी-गर्म सब, जिसको एक समान।।

१९

निंदा हो, तारीफ हो, करे नहीं परवाह।
रहे सदा संतुष्ट हो, जैसे भी निर्वाह।।

मुक्त सभी आसक्ति से, हो कोई भी स्थान।
बुद्धि-स्थिर हो भक्ति में, प्रिय ऐसा इंसान।।

२०

जो चलते इस मार्ग पर, श्रद्धा से निष्काम।
अति-प्रिय, जिनका लक्ष्य है, बस मेरा ही धाम।।

13. क्षेत्र, क्षेत्रज्ञ में अंतर

अर्जुन कहते हैं

प्रकृति, पुरुष विभेद क्या, कहो सकूँ मैं जान।
क्षेत्र और क्षेत्रज्ञ क्या, ज्ञेय और क्या ज्ञान।।

१

कृष्ण कहते हैं

क्षेत्र मनुज की देह जो, है सबकी पहचान।
वह क्षेत्रज्ञ जिसे रहे, इस शरीर का भान।।

२

और परम क्षेत्रज्ञ मैं, सब क्षेत्रों का ज्ञान।
जिसे क्षेत्र का भान तू, सच्चा ज्ञानी मान।।

३

पार्थ समझ अब क्षेत्र क्या, उसका करूँ बखान।
क्या-क्या परिवर्तन सहे, क्या इसकी पहचान।।

४

ऋषियों ने मंत्रादि में, गाया इसका रूप।
ब्रह्मसूत्र में तर्क से, वर्णित किया स्वरूप।।

५

बुद्धि अहम् मिल जाँय जब, पंचतत्व के साथ।
और मिलें दस इन्द्रियाँ, बने क्षेत्र तब पार्थ।।

६

सुख, दुख, इच्छा, चेतना, द्वेष व बुद्धि, शरीर।
मय दोषों के क्षेत्र की, यह परिभाषा धीर।।

७-११

(ज्ञान क्या है)

विनय, अहिंसा और हो, सब छल-कपट-अभाव।
सहनशीलता, सरलता, शुद्धि, सेवकी भाव।।

विषयों से वैराग्य हो, अहंकार से दूर।
जन्म-मृत्यु की व्याधि की, समझ होय भरपूर।।

घर, पत्नी या पुत्र से, मोह-मुक्त इंसान।
भला बुरा जो भी घटे, राखे चित्त समान।।

अचल भक्ति मुझ में रहे, अनुशासन अपनाय।
वास करे एकांत, तज, विषयाकुल समुदाय।।

जिसको अपने आपका, रहे निरंतर भान।
तत्वज्ञान के अर्थ को, समझे जो इंसान।।

उसको ही पूरी समझ, वही मानिये ज्ञान।
जो इसके विपरीत हो, उसे समझ अज्ञान।।

१२

बतलाता अब ज्ञेय क्या, जिससे सब आनंद।
जो सत ना ही असत ना, आदि-अंत का द्वन्द।।

१३

हाथ पैर सर्वत्र, मुख, आँख, कान चहुँ ओर।
कर आवृत संसार को, रहे उसी की ठोर।।

१४

नहीं कहीं आसक्त जो, नहीं किसी आधीन।

परम ब्रह्म क्षेत्रज्ञ वह, है निर्गुण, स्वाधीन।।

बिना इंद्रियों हो रहा, जिसे सभी अहसास।
निर्गुण है पर भोगता, सब पतझड़ मधुमास।।
१५
भीतर बाहर सर्व के, दूर और वह पास।
कठिन भान उस सूक्ष्म का, सकल चराचर वास।।
१६
जन्म, भरण-पोषण करे, करता वह ही अंत।
दिखता सब में अलग पर, वह अविभक्त अनंत।।
१७
लक्ष्य, विषय वह ज्ञान का, और वही खुद ज्ञान।
सभी ज्योतियों की चमक, हर दिल परम-स्थान।।
१८
क्षेत्र और क्षेत्रज्ञ का, जिसको पूरा ज्ञान।
मेरे ऐसे भक्त को, मुझ जैसा ही मान।।
१९
प्रकृति ना ही पुरुष* की, है कोई शुरुआत।
प्रकृति से उत्पन्न सब, गुण, विकार, उत्पात।।
२०
प्रकृति कारण, करण है, प्रकृति ही खुद काज।
आत्मा सुख-दुःख भोगती, करती भीतर राज।।
२१
प्रकृति उपजित द्रव्य का, पुरुष* करे उपभोग।
मगर जिसे आसक्ति वो, रहा योनियाँ भोग।।
२२
बसा साक्षी देह में, करता सभी सँभाल।

दृष्टा, भर्ता है वही, भोक्ता परम कृपाल।।

२३

क्या प्रकृति है पुरुष क्या, जिसको है यह ज्ञात।
पुनः जन्म लेता नहीं, जिए भले जिस भाँत।।

२४

सूक्ष्म बुद्‌धि से लोग कुछ, पाते धर के ध्यान।
पाता कोई कर्म से, मार्ग किसी का ज्ञान।।

२५

जो खुद हैं अनभिज्ञ वो, सुन ज्ञानी की बात।
चलें बताये मार्ग तो, करें मोक्ष को प्राप्त।।

२६

क्षेत्र और क्षेत्रज्ञ का, संगम सबका मूल।
चल हो या फिर अचल हो, सूक्ष्म या कि हो स्थूल।।

२७

नाशवान में है जिसे, नाशरहित का भान।
सब देखे समभाव से, वो यथार्थ पहचान।।

२८

सब के भीतर एक को, देख सके जो कोय।
नष्ट न खुद को वो करे, प्राप्त परम गति होय।।

२९

आत्मा करे न कर्म कुछ, प्रकृति के सब काज।
जिसको यह मालूम बस, वही जानता राज़।।

३०

भिन्न-भिन्न सब रूप हैं, उसका ही विस्तार।
जिसको यह दिख जाय वो, जन्म-मरण के पार।।

३१

निर्गुण और अनादि वह, उसका नहीं विनाश।

कर्म करे, ना लिप्त हो, भले देह में वास।।

३२

व्याप्त सर्व में व्योम पर, नहीं किसी में लिप्त।
आत्मा देहों में रहे, वैसे ही निर्लिप्त।।

३३

सूरज से रोशन रहे, जैसे सब संसार।
वैसे अर्जुन क्षेत्र में, क्षेत्री का किरदार।।

३४

क्षेत्र और क्षेत्रज्ञ का, जिसे तत्व से ज्ञान।
हो प्रकृति से मुक्त वो, पाए परम -स्थान।।

.

* आत्मा

14. त्रिगुण विभाग

१

कृष्ण कहते हैं

अब तुझसे मैं वो कहूं, सर्वश्रेष्ठ जो ज्ञान।
परम सिद्धि को प्राप्त हों, मुनिजन जिसको जान।।

२

प्राप्त होय इस ज्ञान से, मेरा उन्हें स्वभाव।
सृष्टि शुरू या अंत हो, उन पर नहीं प्रभाव।।

३

मैं ही प्रकृति गर्भ हूँ, मैं ही चेतन बीज।
जड़-चेतन मिल जन्मती, जो भी जीवित चीज।।

४

अलग योनियों से भले, उपजें रूप अनेक।
सभी योनि का बीज मैं, पिता सभी का एक।।

५

सतगुण, रजगुण, और तम, प्रकृति के गुण तीन।
बँधी देह से आत्मा, हो इनके आधीन।।

तीन प्रकार के बंधन

६-९

है प्रकाश अरु स्वास्थ्य का, सतगुण से संबंध।
ज्ञानजनित आनंद भी, बन सकता पर बंध।।

रजस राग पैदा करे, लोभ और आसक्ति।

बँधती आत्मा कर्म से, मिले न उसको मुक्ति।।

तमस आय अज्ञान से, बने मोह का जाल।
भ्रम, प्रमाद, निद्रा सभी, दें बंधन में डाल।।

सतोगुणी आनंद वश, रजोगुणी वश कर्म।
तमोगुणी आलस्य वश, यही गुणों का धर्म।।

१०

सत्व, रजस अरु तमस में, प्रबल बने जो एक।
वह सब पर हावी रहे, हो जिसका अतिरेक।।

११

बढ़ता ज्ञान, प्रकाश जब, फैले चारों ओर।
समझो सद्‌गुण की हुई, उसके भीतर भोर।।

१२

रजगुण के अतिरेक का, होता है जब जोर।
लोभ, व्यग्रता, लालसा, कर्म मचाते शोर।।

१३

तमगुण के आवेग से, भीतर ज्योति अभाव।
बढ़े मूर्खता, शिथिलता, निद्रा बने स्वभाव।।

१४-१५

जो सद्‌गुण की दशा में, आत्मा छोड़े देह।
शुद्‌ध लोक में जन्म ले, मिले स्वर्ग सम गेह।।

पर रजगुण में यदि तजे, लेती फिर वह जन्म।
जहाँ लक्ष्य की सूची में, सबसे ऊपर कर्म।।

तमगुण के आधीन हो, जाती है यदि जान।

मूढ़ गर्भ उसको मिले, पशु या कीट समान।।

१६

सत का फल है शुभ सदा, रज-फल दुख की खान।
और तामसिक कर्म का, फल केवल अज्ञान।।

१७

रजगुण से लालच बढ़े, अरु सतगुण से ज्ञान।
हैं प्रमाद अरु मूढ़ता, तमगुण की पहचान।।

१८

उर्ध्वगमन की अवस्था, सद्गुण की पहचान।
रजगुण ठहरे मध्य में, पतन तमोगुण जान।।

१९

कर्म गुणों से उपजते, जिसको यह आभास।
वो मुझ त्रिगुणातीत के, दिव्य गुणों के पास।।

२०

सुख-दुख जीवन-मृत्यु का, त्रय-गुण से संबंध।
होता इनसे पार जो, कट जाते सब बंध।।

२१

अर्जुन कहते हैं

होय त्रिगुण से पार जो, उसकी क्या पहचान।
रहन-सहन क्या, मार्ग क्या, मुझे कहो भगवान।।

२२

कृष्ण कहते हैं

ज्ञान, कर्म, या मूढ़ता, नहीं उसे कुछ भेद।
ना हो तो माँगे नहीं, मिले होय ना खेद।।

२३

कर्म गुणों से उपजते, जिसको है यह व्यक्त।
रहे अविचलित वो सदा, अपने भीतर मस्त।।

२४

मिट्टी-पत्थर-स्वर्ण सब, सुख-दुख जिसे समान।
अप्रिय-प्रिय में थिर रहे, निंदा या यशगान।।

२५

मित्र रहे या शत्रु हो, फर्क न मन में लाय।
गुणातीत के छूटते, सब सकाम व्यवसाय।।

२६

मुझ में जिसकी भक्ति जो, मुझ सेवा में लीन।
ब्रह्मयोग्य उसको समझ, छुएँ नहीं गुण तीन।।

२७

अमर, अनश्वर, ब्रह्म का, मैं ही हूँ आधार।
परम धर्म आनंद की, शाश्वत अविरल धार।।

15. पुरुषोत्तम योग

१

कृष्ण कहते हैं

जड़ जिसकी आकाश में, नीचे सब विस्तार।
ऐसे पीपल पेड़ सा, यह सारा संसार।।

इस रहस्य की है जिसे, ठीक-ठीक पहचान।
वह ही ज्ञाता मानिये ,उसे वेद का ज्ञान।।

२

नीचे बढ़ती शाख सब, करें गुणों से पान।
जो हैं छोटी टहनियाँ, उन्हें विषय तू जान।।

३

कठिन इसे पहचानना, यह अनंत सर्वत्र।
जड़ से काटो ले इसे, अनासक्ति का अस्त्र।।

४

खोज करो उस परम की, जो मौलिक आधार।
नहीं जहाँ से लौटना, जाकर के इक बार।।

५

विजय पाय आसक्ति पर, अहम, मोह से मुक्त।
होय भक्ति में लीन हों, सब इच्छाएँ सुप्त।।

जिनके जीवन से मिटा, सुख-दुख का सब द्‌वन्द।
जो ऐसे ज्ञानी उन्हें, मिलता परमानन्द।।

६

जहाँ अग्नि, रवि, चंद्र का, पहुँचे नहीं उजास।
जहां पहुँच लौटे नहीं, वो है मेरा वास।।

७

पाँच इन्द्रियों और मन, संग धरे जो देह।
वो मेरा ही अंश है, ना कोई संदेह।।

८

जैसे उड़ता गंध ले, अपने संग समीर।
आत्मा मन-इंद्री सहित, जाती नए शरीर।।

९

इन्द्रियों के सारे विषय, स्वाद सुगंध-स्पर्श।
आत्मा मन सँग भोगती, श्रवण होय या दर्श।।

१०

करता मेरा अंश ही, सब विषयों का पान।
मूढ़ देख सकता नहीं, ज्ञानी को पहचान।।

११

योग साधना जो करे, वह लेता पहचान।
जो अनुशासनहीन है, उसे नहीं कुछ भान।।

१२

अग्नि सूर्य या चाँद जिस, जगमग से लबरेज।
मुझसे ही है आ रहा, उनका सारा तेज।।

१३

प्राण शक्ति से मैं करूँ, धारण सारे जीव।
प्रकृति को रसधार बन, मैं ही करूँ सजीव।।

१४

जठर अग्नि बन कर करूँ, मैं ही तन में वास।
पाचन अवशोषण करूँ, मैं ही बनकर श्वास।।

१५

मैं निर्माता वेद का, मैं ज्ञाता, मैं ज्ञान।
स्मृति होय या विस्मृति, सब मुझसे ही जान।।

१६

क्षर से जब अक्षर मिले, बनता तब संसार।
अक्षर वो ही सर्व में, क्षर के रूप हजार।।

१७

इन दोनों से भिन्न जो, परम आत्मा नाम।
ईश्वर बन सबको करे, पोषित आठों याम।।

१८

क्षर अरु अक्षर सर्व से, मेरा भिन्न-स्थान।
पुरुषोत्तम तू वेद का, बस मुझ को ही जान।।

१९

निसंदेह मन से मुझे, पुरुषोत्तम ले मान।
भक्ति करे मेरी, समझ, उसको ही सब ज्ञान।।

२०

परम गुह्य सिद्धांत का, कहा तुझे जो मर्म।
जान उसे ज्ञानी करे, अपने सारे कर्म।।

16. देवासुर विभाग योग

१-३

कृष्ण कहते हैं

अब दैवीय स्वभाव के, गुण जो करूँ बखान।
अभय, संयमी, शुद्ध मन, करे यज्ञ अरु दान।।

सत्य, अहिंसा, क्रोध-च्युत, त्याग, अमन, ईमान।
लज्जा, मृदुता, थिर-मना, लोभरहित इंसान।।

तेज, क्षमा हो, धैर्य हो, हो अभिमान-अभाव।
गुण हैं ये उस मनुज के, जो दैवीय स्वभाव।।

४

जब आसुरी स्वभाव हो, कटुता, क्रोध, घमंड।
अज्ञानी, अभिमान वश, नित छलके पाखंड।।

५

बंधन असुरी संपदा, दैवी करती मुक्त।
तू अर्जुन मत शोक कर, तू दैवी से युक्त।।

६

ये दैवी या आसुरी, दो ढँग के इंसान।
अब आसुरी स्वभाव की, देता हूँ पहचान।।

७

सत्य और ना पवित जो, बस चोरी का भाव।
कर्म करे, ना त्याग वो, जो आसुरी स्वभाव।।

८

कहता वो जग असत है, और बिना आधार।
नाथ कोय ना ध्येय कुछ, जग बस कारोबार।।

९

अल्प-बुद्धि, नष्टात्मा, करके यह विश्वास।
करता रहता शत्रु बन, जग का केवल ह्रास।।

१०

दंभ, मान, मद युक्त वो, मिथ्या है व्यवहार।
काम वासना के लिए, उसका सब संसार।।

११

अगणित चिंता से घिरे, जब तक आय न अंत।
बस इच्छा की पूर्ति ही, लक्ष्य मृत्युपर्यंत।।

१२

वश हो इच्छा, क्रोध के, करता हर अन्याय।
बस धन की खातिर रहें, उसके सकल उपाय।।

१३-१५

आज किया है प्राप्त कुछ, कल पा लूँगा और।
इतना धन अर्जित करूँ, जिसका ओर न छोर।।

मारा दुश्मन आज इक, कल दूजा दूँ मार।
मैं भोगी, मैं ईश हूँ, सुख से करूँ विहार।।

मैं कुलीन, धनवान मैं, करूँ यज्ञ अरु दान।
मूढ़ स्वयं को समझता, ऊँचा और महान।।

१६

भ्रांत विचारों में रहे, फँसे मूढ़ता जाल।
काम-भोग की दौड़ में, गिरे नरक-पाताल।।

१७

फूले मिथ्या-गर्व से, धन का करे घमंड।
उसके सारे यज्ञ भी, केवल बस पाखंड।।

१८

काम-क्रोध, बल-दंभ के, वश में रहे हमेश।
मैं उसके भीतर बसूँ, करे मुझी से द्वेष।।

१९

अधम क्रूर ये लोग हैं, बुरे करें ये काम।
इन्हें आसुरी योनियाँ, मिलती बिन विश्राम।।

२०

जन्म-जन्म के बाद भी, होंय न मुझको प्राप्त।
अधम योनियों में पतन, होता नहीं समाप्त।।

२१

काम, क्रोध अरु लोभ हैं, तीन नरक के द्वार।
आत्मा इनको त्याग कर, हो तीनों से पार।।

२२

इन तीनों से मुक्त हो, जो करता निज काम।
प्राप्त परम गति हो उसे, आता मेरे धाम।।

२३

नियम-शास्त्र को छोड़ जो, चलता मन अनुसार।
मिले सिद्धि ना सुख उसे, लक्ष्य होय ना पार।।

२४

क्या अनुचित है उचित क्या, केवल शास्त्र प्रमाण।
कर्म करो यह जान कर, क्या है शास्त्र-विधान।।

17. श्रद्धा विभाग

१

अर्जुन कहते हैं

हो श्रद्धा से यज्ञ पर, हो बिन शास्त्र विधान।
सत्व, रजस, या तमस में, उसका क्या है स्थान।।

२

कृष्ण कहते हैं

तीन प्रकार की श्रद्धा

श्रद्धा के भी जानिए, होते तीन प्रकार।
सत्व, रजस या तमस वो, है स्वभाव अनुसार।।

३

जैसी प्रकृति मनुज की, वैसी श्रद्धा जान।
श्रद्धा के अनुरूप ही, फिर उसकी पहचान।।

४

वो देवों को पूजते, जो सतगुणी स्वभाव।
पूजें राक्षस, यक्ष वो, रज का जहाँ प्रभाव।।

भूत प्रेत की अर्चना, में है जिनका ध्यान।
तमोगुणी उनको समझ, ऐसा अगर रुझान।।

५-६

लक्ष्य सिर्फ जिनका यही, होय वासना पूर।
अहंकार वश तप करें, शास्त्र मार्ग से दूर।।

मूढ़ आसुरी लोग वो, देते तन को त्रास।
कष्ट मुझे भी साथ में, मेरा उसमें वास।।

तीन प्रकार का भोजन

७

यज्ञ, तपस्या, ज्ञान के, होते तीन प्रकार।
ऐसे तीन प्रकार का, होता है आहार।।

८

जो भोजन आरोग्य दे, आयु बुद्धि आनंद।
चिकना, रसमय भोज जो, सात्विक करे पसंद।।

९

रूखे-तीखे-गर्म हैं, ज्वलनशील जो भोग।
राजस लोगों की पसँद, देते पीड़ा, रोग।।

१०

सूखा अरु बेस्वाद जो, बासा, झूठा भोग।
भोजन ऐसा प्रिय जिन्हें, समझ तामसिक लोग।।

तीन प्रकार का यज्ञ

११

यज्ञ करें कर्तव्य वश, सकल कामना त्याग।
सात्विक उनका यज्ञ है, जिन्हें नहीं कुछ राग।।

१२

यज्ञ किया फल के लिए, या हो वश अभिमान।
अर्जुन ऐसे यज्ञ को, यज्ञ राजसिक जान।।

१३

अन्नदान, ना दक्षिणा, ना ही मंत्रोच्चार।
जान तामसिक यज्ञ वह, ना विधि के अनुसार।।

तीन प्रकार के तप

१४

पूज्य देव, गुरु, द्विज रहें, और पूज्य विद्वान।
ब्रह्मचर्य, शुचिता, दया, तप शरीर के जान।।

१५

सबके हित में, सच कहे, करे शास्त्र उच्चार।
वाणी-तप कहते इसे, मीठे हों उद्गार ।।

१६

मन प्रसन्न अरु संयमित, शांत, विनम्र, पवित्र।
इसे मानसिक तप कहें, जानो इसको मित्र।।

१७

तन, मन, वाणी तप करे, जो बिन इच्छा स्वार्थ।
सात्विक तप कहते उसे, जो ऐसा तप पार्थ।।

१८

तपे प्रतिष्ठा के लिए, पाने को सम्मान।
सिर्फ क्षणिक फल देय तप, इसे राजसिक जान।।

१९

पूर्वाग्रह से तप करे, तन-मन रहा सताय।
तमोगुणी वह तप जहाँ, पर-पीड़ा अभिप्राय।।

तीन प्रकार के दान

२०

ठीक जगह, अवसर उचित, योग्य व्यक्ति पहचान।
बिना कामना जो दिया, सतोगुणी वह दान।।

२१

लाभ और फल के लिए, किया जाय जो दान।
देने में जब क्लेश हो, दान रजोगुण मान।।

२२

गलत व्यक्ति, अनुचित समय, और गलत हो स्थान।
तिरस्कार करके दिया, तमोगुणी वह दान।।

ॐ तत् सत् का महत्व

२३

शब्द 'ॐ तत् सत्' समझ, ब्रह्म के तीन प्रकार।
ॐ परम सर्वोच्च जो, सबका मूलाधार।।

तत् अदृश्य लेता रहे, नित्य नए आकार।
सत् जो हमको दिख रहा, बन पूरा संसार।।

२४

है प्रतीक ये ब्रह्म का, 'ॐ' शब्द उच्चार।
तभी यज्ञ, तप, दान में, बोलें बारंबार।।

२५

फल इच्छा तज मोक्ष को, चाह रहे जो लोग।
करें यज्ञ-तप-दान में, वो 'तत्' का उपयोग।।

२६

अच्छाई के अर्थ में, 'सत्' का रहे प्रयोग।
सत्य प्रशंसा योग्य जो, वहाँ होय उपयोग।।

२७

दृढ़ता, तप-यज-दान में, सत् का समझ प्रतीक।
सत् है वो जो कर्म इस, आयोजन में ठीक।।

२८

बिन श्रद्धा यज-दान-तप, असत् सभी यह काम।
ना इस ना उस लोक में, शुभ इसका परिणाम।।

18. मोक्ष संन्यास योग

१

अर्जुन कहते हैं

त्याग और संन्यास का, क्या गुण-धर्म विशेष?।
इन दोनों में भेद क्या, बतलायें हृषिकेश।।

२

श्री कृष्ण कहते हैं

इच्छा-प्रेरित कर्म का, त्याग समझ संन्यास।
त्याग समझ जब कर्म के, फल की होय न आस।।

३

कुछ कहते सब त्याग दो, कर्म मात्र व्यवधान।
कुछ कहते मत त्यागिये, यज्ञ और तप, दान।।

४

कहूँ तुझे अब बात जो, सच मेरे अनुसार।
मेरे मत में त्याग के, होते तीन प्रकार।।

५

नहीं त्यागना उचित है, पार्थ यज्ञ-तप-दान।
इनसे बनें पवित्र जो, बुद्धिमान वो जान।।

६

इनको भी करना मगर, फल की इच्छा त्याग।
निश्चित मेरा मत यही, कर्म करो बिन राग।।

७

नियत कर्म का त्यागना, नहीं उचित यह बात।

त्याग तामसिक ढंग का, यह अज्ञान वशात।।

८

तन के दुख से डर करे, जो कर्मों का त्याग।
त्याग राजसी वो समझ, निष्फल यह वैराग।।

९

नियत कर्म जो कर रहा, फल की इच्छा त्याग।
सात्विक ऐसा त्याग है, मिट जाता जब राग।।

१०

कर्म कुशल-निःसंशय, त्यागी सात्विक भाव।
घृणा न अप्रिय-कर्म से, प्रिय से नहीं लगाव।।

११

परम असंभव जगत में, कर्म मात्र का त्याग।
वो कैसा त्यागी अगर, फल में हो अनुराग?।।

१२

जो न कर्मफल त्यागते, मिश्रित हों परिणाम।
करे कर्मफल त्याग तो, फल पर लगे विराम।।

१३-१४

अधिष्ठान कर्ता करण, किस्मत और प्रयास।
पाँच उपकरण कर्म के, कर्म आम या ख़ास।।

१५

मन, वाणी अरु देह से, जो भी करते लोग।
अनुचित, उचित सभी जगह, पाँचों का उपयोग।।

१६

जो खुद को कर्ता कहें, अल्प बुद्धि वो जान।
सच्चाई से दूर वो, उन्हें नहीं कुछ ज्ञान।।

१७

अहंकार से मुक्त जो, निर्मल चेतस होय।

नहीं मारता मारकर, कर्म-बंध ना कोय।।

१८ -१९

ज्ञान, कर्म, कर्ता सभी, होते तीन प्रकार।
इनके बारे में कहूँ, तुम से कर विस्तार।।

ज्ञान के तीन प्रकार

२०

सकल चराचर जगत में, विद्यमान बस एक।
उसका सात्विक ज्ञान है, ऐसा अगर विवेक।।

२१

ज्ञान राजसी वह जिसे, दिखता सब में भेद।
पृथक-पृथक सब देखता, जैसे स्याह-सफेद।।

२२

जो केवल इक काम को, लेता सब कुछ मान।
ज्ञान तमस वह जब नहीं, अन्य कार्य पर ध्यान।।

कर्म के तीन प्रकार

२३

कार्य बिना आसक्ति के, बिना द्वेष, बिन राग।
वो ही सात्विक कर्म जो, किया कर्म-फल त्याग।।

२४

किया परिश्रम से गया, फल-इच्छा से काम।
कर्म राजसी मानिये, अहंकार परिणाम।।

२५

ना देखे सामर्थ्य या, लाभ और नुकसान।
अर्जुन ऐसे कर्म को, कर्म तामसिक मान।।

कर्ता के तीन प्रकार

२६

जिनके है हर काम में, धैर्य और उत्साह।

असफल हो या सफल हो, करें नहीं परवाह।।

करें बिना आसक्ति, बिन, अहंकार के भाव।
सात्विक कर्ता मानिए, ऐसा अगर स्वभाव।।

२७

राजस के मन में सदा, रहे लाभ की बात।
हिंसा लेती जन्म फिर, मन को शोकाघात।।

२८

हठी असंस्कृत मनुज जो, कल पर टाले काम।
वह कर्ता है तामसिक, दुख उसका परिणाम।।

बुद्धि के तीन प्रकार

२९

बुद्धि धारणा के अलग, होते तीन प्रकार।
पृथक-पृथक कहता तुझे, उनके गुण अनुसार।।

३०

सात्विक बुद्धि करे समझ, क्या है कर्म-अकर्म।
करने लायक कर्म क्या, क्या है अनुचित कर्म।।

निडर रहे किससे, कहाँ, है डरना उपयुक्त।
बंधन-कारक कौन है, क्या करता है मुक्त।।

३१

बुद्धि होय वो राजसी, जो कर सके न भेद।
करने लायक कर्म क्या, किसका करे निषेध।।

३२

देखे धर्म, अधर्म में, हो सच के विपरीत।।
होय तामसिक बुद्धि को, उल्टा सभी प्रतीत।

धारणा के तीन प्रकार

३३

होय नियंत्रित, अचल जब, इंद्री मन अरु प्राण।
सात्विक जिसकी धारणा, उसकी यह पहचान।।

३४

धर्म-अर्थ अरु काम से, हो जिसका अभिप्राय।
अर्जुन ऐसी धारणा, राजस है कहलाय।।

३५

भय, निद्रा, दुख, शोक दे, बढ़ता हो अभिमान।
जब हो ऐसी धारणा, उसे तामसिक जान।।

सुख के तीन प्रकार

३६

सुख भी तीन प्रकार के, जो देते आनंद।
और अधिक अभ्यास से, काटें दुख के फंद।।

३७

देय कष्ट आरम्भ में, फिर अमृत्व समान।
आत्मज्ञान से प्राप्त जो, वो सात्विक सुख मान।।

३८

अमृत सा आरम्भ में, अंत लगे विषपान।
विषयों से उत्पन्न सुख, उसे राजसी जान।।

३९

निद्रा से आलस्य से, होता जिसका भान।
मोह जनित जो सुख रहे, उसे तामसिक मान।।

४०

जीव कहीं कोई नहीं, तीन गुणों से मुक्त।
धरती हो या स्वर्ग हो, सब इनसे संयुक्त।।

चार वर्ण

४१

चार वर्ण इंगित करें, केवल अलग स्वभाव।
तीन गुणों के भेद का, उन पर पड़े प्रभाव।।
४२

ब्राह्मण के गुण समझिए, धर्म और ईमान।
तप संयम अरु शांति हो, सहनशीलता, ज्ञान।।
४३

तेजधारिता, वीरता, सूझबूझ अरु दान।
युद्धोन्मुख, नेतृत्व गुण, क्षत्रिय की पहचान।।
४४

वैश्य सहज खेती करे, पशुपालन, व्यापार।
और स्वभाविक शूद्र को, सेवा का किरदार।।
४५

लगा रहे निज कर्म जो, प्राप्त सिद्धि को होय।
यह होता है किस तरह, सुन अब मुझसे सोय।।
४६

जो करते निजकर्म को, श्रद्धा से, बिन स्वार्थ।
मिलता उनको ब्रह्म की, पूजा का फल पार्थ।।

जिससे सब उत्पन्न हैं, जिसमें सभी समाप्त।
और रहे जो सर्वदा, सब के भीतर व्याप्त।।
४७

बेशक कोई हो सफल, कर दूजे का कर्म।
श्रेयस जो असफल रहे, चलकर मार्ग स्वधर्म।।

चल कर निजी स्वभाव में, कभी न हो संताप।
धर्म, कर्म अपने चले, लगे न कोई पाप।।
४८

कमी अगर निज कर्म में, करो नहीं अफसोस।
धुआँ आग के साथ त्यों, सब कर्मों में दोष।।
४९

संयम जो खुद पर करे, तजे सकल आसक्ति।
कर्मबंध से दूर हो, सिद्‌धि पाय वह व्यक्ति।।
५०

मिले सिद्‌धि यह किस तरह, और ब्रह्म हो प्राप्त।
परम ज्ञान यह, अब करूँ, अर्जुन जिसकी बात।।
५१

शुद्‌ध-बुद्‌धि, दृढ़-संयमी, तजे द्‌वेष अरु राग।
विषय इंद्रियों के सभी, जो करता परित्याग।।
५२

वाणी-तन-मन संयमित, करे अल्प आहार।
ध्यान लीन, एकांत में, वैरागी आचार।।
५३

क्रोध कामना धन तजे, बल-ममत्व-अहँकार।
शांत चित्त, वो ब्रह्म से, होता एकाकार।।
५४

होकर एकाकार सब, इच्छा शोक समाप्त।
सब के प्रति समदृष्टि हो, भक्ति मुझी की प्राप्त।।
५५

और भक्ति हो जाय तब, बस उसकी पहचान।
मुझमें ले विश्राम वो, मुझे तत्व से जान।।
५६

करता मेरी शरण ले, सभी तरह के काम।
होय अमर पद प्राप्त वो, पाए मेरा धाम।।
५७

पार्थ समर्पित कर मुझे, अपने सकल प्रयास।
सतत रहे थिर बुद्धि से, बस मेरा आभास।।

५८

मेरी अनुकम्पा हरे, तेरे सारे कष्ट।
अहंकारवश ना सुने, तो हो जाए नष्ट।।

५९

युद्ध त्याग के फैसले, का अनुचित आधार।
कर्म वही उत्तम रहे, जो स्वभाव अनुसार।।

६०

होय मोह के वश अगर, गया युद्ध से दूर।
होगा पुनः स्वभाव वश, लड़ने को मजबूर।।

६१

एक व्याप्त सब में वही, सब उसके आधीन।
घूम रहे सब विवश से, जैसे चढ़े मशीन।।

६२

चलो उसी की शरण जो, परम शांति का धाम।
देय सनातन शांति जो, एक उसी का नाम।।

६३

हर रहस्य से वो बड़ा, दिया तुझे जो ज्ञान।
अब जैसी इच्छा रहे, वो करने की ठान।।

६४

अंतिम अनुरोध

परम रहस्य फिर से कहूँ, तू जो मेरा मीत।
हित जिसमें तेरा कहूँ, तुझसे मेरी प्रीत।।

६५

मेरी पूजा भक्ति कर, मुझको करो प्रणाम।
देता हूँ तुझको वचन, पहुँचोगे मुझ धाम।।

६६

सब प्रयास को छोड़ कर, हो बस मुझको प्राप्त।
कर दूँगा सब पाप मैं, तेरे स्वयं समाप्त।।

६७

जो मेरी निंदा करें, जहाँ न श्रद्धा-भाव।
मत कहना ये सब उन्हें, ऐसा जहाँ झुकाव।।

६८

जो मेरे इस रहस्य को,भक्तों तक पहुँचाय।
मेरा सच्चा भक्त वो, मुझ तक पहुँचे आय।।

६९

जो कोई पहुँचा रहा, मेरा यह पैगाम।
प्रिय मुझको वह, कर रहा, मेरा ही प्रिय काम।।

७०

अपने इस संवाद को, मनन करें जो लोग।
ज्ञान-यज्ञ से वो रहे, पूजा का फल भोग।।

७१

श्रद्धा से, बिन ईर्ष्या, सुन ले यह संवाद।
शुभ लोकों की प्राप्ति हो, उसे बिना अपवाद।।

७२

क्या तूने सब कुछ सुना, पार्थ लगा कर ध्यान।
और मिटा क्या मोह वश, पैदा जो अज्ञान।।

७३

अर्जुन कहते हैं

कृपा आपकी से मिटा, मोह और संताप।
अब मैं वैसा ही करूँ, जैसा बोले आप।।

७४

संजय ने कहा

वासुदेव अरु पार्थ की, सुनकर सारी बात।
रोम-रोम हर्षित हुआ, पुलकित मेरा गात।।

७५

परम गुह्य जिस योग का, दिया कृष्ण ने ज्ञान।
व्यास-कृपा से मैं उसे, देख सका श्रीमान।।

७६

राजन, अर्जुन-कृष्ण का, सुनकर यह संवाद।
मैं आनंदित हो रहा, बार-बार कर याद।।

७७

देखा जो श्री कृष्ण का, मैंने अद्‌भुत रूप।
उसे निरंतर याद कर, विस्मित हूँ मैं भूप।।

७८

योगेश्वर केशव जहाँ, जहाँ धनुर्धर पार्थ।
वहीं विजय कल्याण है, नैतिकता, परमार्थ।।

www.ingramcontent.com/pod-product-compliance
Ingram Content Group UK Ltd.
Pitfield, Milton Keynes, MK11 3LW, UK
UKHW041843200726
13854UKWH00005BA/2046